MANUAL DA EXECUÇÃO DE QUANTIA CERTA

EFETIVIDADE DA JURISDIÇÃO

Jeremias Pinto Arantes de Souza

MANUAL DA EXECUÇÃO DE QUANTIA CERTA

EFETIVIDADE DA JURISDIÇÃO

2025

EDITORA *Jus*PODIVM

www.editorajuspodivm.com.br

EDITORA *Jus*PODIVM
www.editorajuspodivm.com.br

Rua Canuto Saraiva, 131 – Mooca – CEP: 03113-010 – São Paulo – São Paulo
Tel: (11) 3582.5757
Contato: www.editorajuspodivm.com.br/central-de-relacionamento

Diagramação: Equipe Juspodivm

Capa: Ana Caquetti

S719m Souza, Jeremias Pinto Arantes de
Manual da Execução de Quantia Certa – Efetividade da Jurisdição / Jeremias Pinto Arantes de Souza - São Paulo: Editora JusPodivm, 2025.

240 p.

ISBN 978-85-442-5533-9

1. Direito Processual Civil. I. Souza, Jeremias Pinto Arantes de. II. Título.

CDD 341.5

Bibliotecária responsável:
Ana Carolina Ribeiro Mois – CRB7 – RJ 007348/0

1.ª ed., *2.ª tir.:* jan./2025.

Se não fosse pela luta da minha querida, guerreira e amada mãe eu não teria chegado aonde cheguei e, consequentemente, não teria escrito este livro. Para ela, minha eterna gratidão com a integralidade do meu ser.

SUMÁRIO

1

INTRODUÇÃO

A intenção deste manual é trazer ferramentas técnico-jurídicas que viabilizem a otimização do processo de execução de quantia certa ou cumprimento de sentença que reconhece obrigação de pagar por meio do tratamento de situações fáticas comuns que acontecem na prática forense.

A ideia é mudar este conceito que paira no ar de que a cobrança judicial de dinheiro é uma causa perdida. Temos ferramentas no ordenamento jurídico para trazer efetividade à imposição judicial de pagamento, pode acreditar.

O manual visa também servir como uma orientação inicial para operadores do direito iniciantes na temática da execução de quantia certa.

Bom lembrar que é a execução que traz efetividade ao direito, que traz efetividade à solução jurisdicional conferida ao caso concreto. Seria frustrante, por exemplo, pensar em um processo que se reconhece o direito a pagamento de quantia certa com uma fase de cumprimento de sentença inócua/perdida.

A previsão constitucional do artigo 37[1] positiva expressamente o princípio da eficiência para todos os poderes estatais. Além desse, a efetividade está contida no artigo

---

1. Art. 37. A administração pública direta e indireta de qualquer dos Poderes da União, dos Estados, do Distrito Federal e dos Municípios obedecerá aos

5º, XXXV e LIV[2], já que a lesão ou ameaça ao direito só será afastada e apenas haverá devido processo legal se a prestação jurisdicional for efetiva.

Neste sentido GUILHERME MARINONI 2003 e DIDIER JUNIOR 2011, respectivamente:

> "O art. 5º, XXXV, da Constituição Federal, afirma que "a lei não excluirá da apreciação do Poder Judiciário lesão ou ameaça a direito". Entende-se que essa norma garante a todos o direito a uma prestação jurisdicional efetiva.
>
> A sua importância, dentro da estrutura do Estado Democrático de Direito, é de fácil assimilação. É sabido que o Estado, após proibir a autotutela, assumiu o monopólio da jurisdição. Como contrapartida dessa proibição, conferiu aos particulares o direito de ação, até bem pouco tempo compreendido como direito à solução do mérito
>
> A concepção de direito de ação como direito a sentença de mérito não poderia ter vida muito longa, uma vez que o julgamento do mérito somente tem importância – como deveria ser óbvio – se o direito material envolvido no litígio for realizado - além de reconhecido pelo Estado-Juiz. Nesse sentido, o direito à sentença deve ser visto como direito ao provimento e aos meios executivos capazes de dar efetividade ao direito substancial, o que significa direito à efetividade em sentido estrito."
>
> "Da cláusula geral do "devido processo legal" podem ser extraídos todos os princípios que regem o direito processual. É dela, por exemplo, que se extrai o princípio da efetividade: os direitos devem ser, além de

---

princípios de legalidade, impessoalidade, moralidade, publicidade e eficiência e, também, ao seguinte:

2. Art. 5º: LIV - ninguém será privado da liberdade ou de seus bens sem o devido processo legal;

> reconhecidos, efetivados. Processo devido é processo efetivo."

A exposição de motivos do CPC vigente, já em seus parágrafos iniciais, traz especial atenção à efetividade processual:

> "...
>
> Um sistema processual civil que não proporcione à sociedade o reconhecimento e a realização dos direitos, ameaçados ou violados, que têm cada um dos jurisdicionados, não se harmoniza com as garantias constitucionais de um Estado Democrático de Direito.
>
> Sendo ineficiente o sistema processual, todo o ordenamento jurídico passa a carecer de real efetividade. De fato, as normas de direito material se transformam em pura ilusão, sem a garantia de sua correlata realização, no mundo empírico, por meio do processo.
>
> ..."
>
> Referência 1 sobre "a realização dos direitos": "Essencial que se faça menção a efetiva satisfação, pois, a partir da dita terceira fase metodológica do direito processual civil, o processo passou a ser visto como instrumento, que deve ser idôneo para o reconhecimento e a adequada concretização de direitos."

O autor acumulou farto conhecimento sobre o tema. Trabalhou na área de recuperação de crédito da Caixa econômica federal - CAIXA por 9 anos (de 2011 a 2020). Participou de várias convocações para elaboração e atualização do banco de peças da recuperação de crédito do jurídico da CAIXA. Participou também da Comissão Temática Nacional de recuperação de crédito da CAIXA do ano de 2018 e seus desdobramentos até outubro de 2019. Escreveu textos sobre o tema no boletim mensal da Associação dos advogados da Caixa econômica federal - ADVOCEF por vários anos.

Constam no texto boas práticas e *frameworks*, levando em conta situações fáticas que muitas vezes acontecem na fase executiva da demanda judicial e as inúmeras normas vigentes, leia-se, dispositivos legais e constitucionais, bem como precedentes qualificados e persuasivos, especialmente do Superior Tribunal de Justiça e de Tribunais Regionais Federais.

Veja-se os seguintes casos concretos:

1º: processo onde o executado que residia no estado de São Paulo faleceu e seus herdeiros residiam um nos EUA, outro em estado do nordeste, outros em estado do norte e por aí vai.

Quais são as alternativas neste caso? É devida a citação de todos os herdeiros? Qual o custo que isso gera para o credor?

2º: ***O que significa o motivo de devolução de carta de citação "não procurado"? Qual medida processual é pertinente nesta hipótese?***

3º: processo onde o executado foi citado e posteriormente houve bloqueio de valores via BACENJUD. Não foi possível a intimação da penhora via BACENJUD, pois o executado não foi mais encontrado no endereço de citação.

O que fazer neste caso? Existe alguma solução prevista no CPC?

Vamos responder estas e muitas outras perguntas no decorrer deste manual.

Lembre-se que a efetiva recuperação de crédito ocorre muito mais em razão de acordo firmado em decorrência da "coação" legal inerente à existência do processo/restrição judicial de bens e direitos da executada do que pela efetiva expropriação/alienação judicial daqueles.

Por exemplo, uma vez penhoradas cotas sociais de empresa de propriedade do executado, com a consequente intimação dos demais sócios para liquidação destas, nos termos do CPC, isso gerará no executado um incentivo relevante para quitar ou ao menos renegociar a dívida objeto da execução.

2

FUNCIONAMENTO SISTEMA DE PRECEDENTES (*STARE DECISIS*)

Considerando que ao longo deste trabalho são citados inúmeros precedentes jurisdicionais e que a devida aplicação destes está ligada com o postulado constitucional da efetividade da jurisdição, que dá nome a este manual, serão trazidos a seguir alguns tópicos relacionados ao sistema de precedentes nacional.

2.1. HISTÓRICO DO SISTEMA DE PRECEDENTES NO BRASIL

Sempre bom lembrar que o sistema de precedentes no Brasil vem sendo construído a mais de 150 anos, sendo que temos 200 anos desde a independência do país, não havendo que se falar em qualquer incompatibilidade com o sistema da *civil law*.

No final do império, a aproximadamente 150 anos atrás, já existiam os denominados assentos, que eram emitidos com força vinculante pelo Supremo Tribunal de Justiça[1], nome que era dado ao Supremo Tribunal Federal na época, na mesma linha das súmulas vinculantes de hoje em dia, introduzidas na constituição de 1988 por emenda constitucional do ano de 2004.

---

1. http://www.tribunadonorte.com.br/noticia/os-assentos-i/266143.

Em 1891, quando da primeira República do Brasil, foi criado o controle de constitucionalidade difuso, instituto relacionado ao sistema de precedentes que leva em conta a hierarquia estabelecida entre os órgãos do Poder Judiciário. No controle difuso de constitucionalidade então criado, como é até hoje (observando-se a cláusula de reserva de plenário – artigo 97, CF[2]), qualquer juiz poderia reconhecer a inconstitucionalidade da norma, mas caberia ao Supremo Tribunal dar a última palavra.

Já no ano de 1961 são criadas as súmulas do Supremo Tribunal com efeito persuasivo aos órgãos inferiores por questão de política judiciária.

Neste contexto, fica claro que o sistema de precedentes no Brasil não surgiu do nada, tendo sido construído ao longo de mais de 150 anos, fazendo parte da evolução histórica do país.

Bom lembrar ainda que dos 1.000 anos o sistema da *common law*, os precedentes obrigatórios existem naquele sistema a menos de 150 anos.

Tudo isso deixa clara a imprecisão da comum afirmação de que o sistema de precedentes foi criado para o *common law* sendo em certa medida incompatível sua aplicação no *civil law*.

Por fim, importante que fique claro que positivismo jurídico e *civil law* não guardam qualquer incompatibilidade com o sistema de precedentes, considerando aqui tanto os

2. Art. 97. Somente pelo voto da maioria absoluta de seus membros ou dos membros do respectivo órgão especial poderão os tribunais declarar a inconstitucionalidade de lei ou ato normativo do Poder Público. Súmula vinculante nº 10, do STF: Viola a cláusula de reserva de plenário (CF, artigo 97) a decisão de órgão fracionário de Tribunal que, embora não declare expressamente a inconstitucionalidade de lei ou ato normativo do poder público, afasta sua incidência, no todo ou em parte.

precedentes qualificados de observância obrigatória como os persuasivos. E isso porque é a lei que determina que os precedentes sejam levados em conta, o que é puramente positivismo jurídico e *civil law*. Ademais, sem sombra de dúvidas, já há muito tempo o precedente é visto como fonte do direito.

2.2. EXPERIÊNCIA NORTE-AMERICANA

A devida aplicabilidade dos precedentes é preocupação da doutrina norte-americana, como traz no artigo *Stare Decicsis*, de Edward D. Re, Professor na Faculdade de Direito da St. John's University – New York e Juiz Presidente Emérito da Corte de Comércio Internacional dos E.U.A., em tradução de Ellen Gracie Northfleet:

> ...
>
> Naturalmente as questões suscitadas num processo derivam dos fatos apresentados. Os fatos do caso, consequentemente, são da maior importância. A máxima latina *ex facto oritur jus* nos afirma que o direito deriva dos fatos. As seguintes observações do Professor Brumbaugh são de especial relevância:
>
> "As decisões não são proferidas para que possam servir de precedentes no futuro, mas antes, para solver as disputas entre os litigantes. Sua utilização em casos posteriores é uma decorrência incidental. Uma decisão, consequentemente, extrai suas peculiares qualidades de justiça, solidez e profundidade dos fatos e condições particulares do caso que ela pretendeu adjudicar. Consequentemente, para que essa qualidade possa ser transmitida com absoluta acuidade, torna-se às vezes necessário limitar expressamente sua aplicação ao peculiar conjunto de circunstâncias que lhe deram origem."

> Daí que a autoridade do precedente depende e é limitada aos "fatos e condições particulares do caso" que o processo anterior "pretendeu adjudicar". Consequentemente, os precedentes não se devem aplicar de forma automática. O precedente deve ser analisado cuidadosamente para determinar se existem similaridades de fato e de direito e para determinar a posição atual da Corte com relação ao caso anterior. Estuda-se o precedente para determinar se o princípio nele deduzido constitui a fundamentação da decisão ou tão somente um *dictum*.
>
> ...

No direito norte-americano, no âmbito do *stare decisis*, temos os mecanismos que versam sobre a dinâmica dos precedentes denominados *distinguishing* e *overrruling*.

O *distinguishing* pode implicar no afastamento do precedente judicial devido a especificidades/distinção do caso concreto (*restrictive distinguishing*) ou pode gerar o contrário, ou seja, a aplicação do precedente (*ampliative distinguishing*).

O *overruling* diz respeito ao afastamento total (superação/revogação/anulação) do precedente judicial.

2.3. FUNDAMENTO JURÍDICO/RAZÃO DE DECIDIR/*RATIO DECIDENDI*/*HOLDING*

O que deve ser considerado na aplicação de precedente é seu fundamento jurídico/sua razão de decidir/sua *ratio decidendi*/seu *holding*. Em contraponto não deve ser considerado para aplicação do precedente a parte da decisão chamada de *obiter dictum*/fundamentação de passagem.

Como exemplo de *restrictive distinguishing*, levando em conta a razão de decidir do precedente, temos a inaplicabilidade da súmula 121, do STF, que versa sobre capitalização mensal de juros, ao sistema bancário. Explico:

Em abril de 1933 entra em vigor no Brasil o Decreto 22.626, conhecido como Lei de Usura, que em seu art. 4º proíbe a capitalização de juros no território nacional, nos seguintes termos: "Art. 4º. E proibido contar juros dos juros: esta proibição não compreende a acumulação de juros vencidos aos saldos líquidos em conta corrente de ano a ano.".

Em 1963 foi publicada a Súmula 121 do STF, qual descreve que "É vedada a capitalização de juros, ainda que expressamente convencionada", e assim foi reforçado o pensamento expressado pela lei anteriormente citada.

Veja-se que o fundamento do STF para aprovação da súmula 121 foi exatamente a referida Lei de Usura, conforme se verifica nos precedentes que a ensejaram:

> **EMENTA:** - Lei de Usura. Capitalização de juros é vedada expressamente, mormente na taxa de 1% ao mês, máximo que se permite cobrar de juros simples.
>
> **A C Ó R D Ã O**
>
> Vistos, etc.
>
> Acorda o Supremo Tribunal Federal, por decisão unânime, desprezar os embargos, de acôrdo com as notas taquigráficas.
>
> Custas na forma da lei.
>
> Brasília, 25 setembro 1961.

No entanto, em 1976 foi aprovada pelo mesmo STF a Súmula 596, *in verbis*:

> Súmula 596, STF: As disposições do Decreto 22.626/33 não se aplicam às taxas de juros e aos outros encargos cobrados nas operações realizadas por instituições públicas ou privadas, que integram o sistema financeiro nacional.

O fundamento jurídico do referido enunciado é que diante da vigência da Lei nº 4.595 de 1964 houve revogação tácita da Lei de Usura para as instituições públicas ou privadas, que integram o sistema financeiro nacional, já que a partir de então os encargos deveriam ser regulados pelo Conselho Monetário Nacional – CMN. Vejamos precedente que culminou no enunciado sumulado:

E M E N T A: 1. As taxas de juros e outros encargos cobrados nas operações realizadas por instituições de crédito já não se acham sob incidência das limitações previstas no Decreto nº 22.626-33, mas, isto sim, ao que dispõe a Lei n. 4.595-64, às deliberações do Conselho Monetário Nacional e às limitações e à disciplina do Banco Central do Brasil, como decidiu, aliás, o STF no RE n. 78.953.

A C Ó R D Ã O

Vistos e relatados estes autos de recurso extraordinário nº 81.692, do Estado de São Paulo, em que é recorrente a Caixa Econômica do Estado de São Paulo, e recorrida a Prefeitura Municipal de Ibaté, decide o Supremo Tribunal Federal, por sua Primeira Turma, unanimemente, conhecer do recurso para lhe dar provimento, de acordo com as notas juntas.

Brasília, DF, 14 de novembro de 1975.

Neste contexto, a Lei de Usura e o enunciado 121 do STF vinculado tornam-se inaplicáveis contra instituição financeira integrante do sistema financeiro nacional, sendo caso de distinção, conforme artigo 489, § 1º, VI, do CPC.

Ademais, observe-se que a súmula 121, do STF (aprovada na sessão plenária de 13/12/1963), é bem anterior à entrada em vigor da MP nº. 1.963-17, de 30/03/2000, posteriormente em vigor como MP nº. 2.170-36, de 23.8.2001[3], bem como da

3. Art. 5º. Nas operações realizadas pelas instituições integrantes do Sistema Financeiro Nacional, é admissível a capitalização de juros com periodicidade inferior a um ano.

Lei 10.260/01 (exclusivamente de FIES)[4] e da Lei 4.380/64 (exclusivamente para o SFH)[5], todas permitindo a capitalização mensal de juros, o que afasta a aplicação do precedente jurisprudencial da Suprema Corte para pactos firmados após 31/03/2000, 24/06/2011 e 07/07/2009.

Tal precedente também é inaplicável nos dias atuais pelo simples fato de que não cabe ao STF dar a última palavra em interpretação de Lei Federal e sim, ao STJ, conforme determina a Constituição Federal (artigos 102 e 105, III), sendo que este último entende pelo cabimento da capitalização mensal de juros (súmulas 539 e 541, ambas do STJ[6]).

A súmula 121, do STF, decorre de precedentes do Supremo Tribunal de uma época em que este analisava matéria federal (como dito mais acima, os precedentes se baseiam na Lei de Usura), de uma época em que não existia o STJ, que foi criado com a Constituição Federal de 05/10/1988.

4. Art. 5º. Os financiamentos concedidos com recursos do FIES deverão observar o seguinte: II - juros, capitalizados mensalmente, a serem estipulados pelo CMN;

5. Art. 15-A. É permitida a pactuação de capitalização de juros com periodicidade mensal nas operações realizadas pelas entidades integrantes do Sistema Financeiro da Habitação - SFH.

6. Súmula 539: É permitida a capitalização de juros com periodicidade inferior à anual em contratos celebrados com instituições integrantes do Sistema Financeiro Nacional a partir de 31/3/2000 (MP 1.963-17/00, reeditada como MP 2.170-36/01), desde que expressamente pactuada. Súmula 541: A previsão no contrato bancário de taxa de juros anual superior ao duodécuplo da mensal é suficiente para permitir a cobrança da taxa efetiva anual contratada.

Com efeito, fica claro que é caso de superação do entendimento sumulado no enunciado 121, do STF.

Isso corroborando, note-se que o enunciado em apreço, inclusive, não é de observância obrigatória, conforme determina o artigo 927, IV, do CPC[7], na medida em que não se trata de súmula do STF em matéria constitucional e sim, infraconstitucional, qual seja, a Lei de Usura - Decreto 22.626/33.

Outrossim, em julgamento publicado em 04/07/2024, na ADI 2316, o STF reconheceu a constitucionalidade da capitalização mensal de juros prevista na antes citada MP 2170-36/2000:

> "Decisão: O Tribunal, por maioria, conheceu da ação e julgou improcedente o pedido nela formulado, para declarar a constitucionalidade do art. 5º da Medida Provisória n. 2.170-36, de 23 de agosto de 2001, ficando prejudicado o exame da medida cautelar, nos termos do voto do Relator, vencido o Ministro Edson Fachin. Nesta assentada, o Ministro Gilmar Mendes levantou seu impedimento. Impedido o Ministro Dias Toffoli. Falaram: pelo amicus curiae Banco Central do Brasil, o Dr. Erasto Villa Verde de Carvalho Filho, Procurador do Banco Central; e, pela Advocacia-Geral da União, o Dr. Thiago Carvalho Barreto Leite, Advogado da União. Plenário, Sessão Virtual de 21.6.2024 a 28.6.2024."

Vamos agora um exemplo de distinção ampliativa da razão de decidir (*ampliative distinguishing*): no RE 590415 o STF decidiu que é válida cláusula de renúncia/quitação ampla de direitos trabalhistas prevista em plano de demissão incentivada definido em negociação coletiva.

---

7. Art. 927. Os juízes e os tribunais observarão: IV - os enunciados das súmulas do Supremo Tribunal Federal em matéria constitucional e do Superior Tribunal de Justiça em matéria infraconstitucional;

O fundamento de fato determinante/fundamento jurídico da decisão do RE 590515 é que a ampla renúncia/quitação em apreço tenha sido aprovada por acordo ou convenção coletiva, ensejando a necessidade de respeito ao pactuado, sob pena de afronta ao artigo 7º, XXVI, da CF. A razão de decidir não foi o fundamento de fato plano de demissão incentivada. Com efeito, existe precedente para aplicação da mesma solução jurídica para casos de renúncia/quitação prevista em plano de cargos e salários ou em plano de aposentadoria, desde que aprovados em negociação coletiva.

Seguindo, exemplo de superação da razão de decidir (*overruling*) é o entendimento do autor deste manual no sentido de que houve superação pelo próprio STJ da sua súmula 286 ao proferir decisões posteriores incompatíveis com a razão de decidir do entendimento sumulado. Explico:

A súmula 286, do STJ em questão estabelece que "a renegociação de contrato bancário ou a confissão da dívida não impede a possibilidade de discussão sobre eventuais ilegalidades dos contratos anteriores". Tal enunciado foi publicado lá no mês de maio do ano de 2004.

As decisões do STJ nos REsp 886150/PR, AgRg no REsp 1069460/RS, AgRg no Ag 1335565/RJ e AgRg no REsp 1082738/SC[8], entre outros, publicadas respectivamente nos anos de 2007, 2009, 2010 e 2011, estabelecem que a extinção da avença

8. AGRAVO REGIMENTAL. RECURSO ESPECIAL. SFH. AÇÃO REVISIONAL. EXECUÇÃO EXTRAJUDICIAL. DECISÃO AGRAVADA MANTIDA. SÚMULAS 284/STF E 286/STJ. INAPLICABILIDADE. 1 - Após a adjudicação do bem, com o consequente registro da carta de arrematação no Cartório de Registro de Imóveis, a relação obrigacional decorrente do contrato de mútuo habitacional extingue-se com a transferência do bem, donde se conclui que não há interesse em se propor ação de revisão de cláusulas contratuais, ficando superadas todas as discussões a esse respeito. 2 - Inaplicável ao caso as Súmulas 284/STF e 286/STJ. 3 - Agravo Regimental a que se nega provimento. (AgRg no REsp 1082738/SC, Rel. Ministra MARIA ISABEL GALLOTTI, QUARTA TURMA, julgado em 05/04/2011, DJe 11/04/2011)

pela adjudicação do bem ao credor hipotecário implica na ausência de interesse processual para revisão dos pactos extintos.

Note-se que se falta interesse de agir para revisão de avença onde houve adjudicação da propriedade em favor do credor, com mais razão ainda carece de interesse o mutuário que extingue avença por renegociação/confissão. Afinal, onde cabe mais, leia-se, falta de interesse de agir em face de adjudicação que extingue o pacto e ocorre independente da vontade do mutuário, cabe menos, leia-se, ausência de interesse processual considerando renegociação/confissão de dívida onde é extinto o pacto pela vontade do mutuário.

Mencione-se de passagem que a ausência de interesse de agir é corroborada também por previsão do CPC, que em seu artigo 487, III[9] determina a extinção do processo com resolução do mérito em caso de transação entre as partes. Logo, a lide que foi transacionada não pode mais ser objeto de outra ação judicial, uma vez que existe coisa julgada a respeito. Ora, trata-se de caso idêntico ao caso de extinção por renegociação/confissão de dívida, devendo, portanto, ser aplicado o mesmo raciocínio, qual seja, a dívida transacionada extrajudicialmente não pode mais ser discutida judicialmente, salvo em casos de vício de vontade.

Temos ainda os REsp 141.879/SP, REsp n.º 95539-SP e REsp 1217951/PR, entre outros, com decisões publicadas respectivamente nos anos de 1998, 1996 e 2011, onde o STJ reconhece o denominado *venire contra factum proprium*, com raciocínio perfeitamente aplicável para superação da súmula 286 em questão, levando em conta o comportamento contraditório na pretensão de rever judicialmente avença extinta pela renegociação entre as partes, renegociação esta que

9. Art. 487. Haverá resolução de mérito quando o juiz: III - homologar: b) a transação;

sempre traz algum benefício ao mutuário, levando em conta desconto para reparcelamento, afastamento de vencimento antecipado da integralidade do saldo devedor, elastecimento do prazo originalmente contratado, etc.

Com efeito, existe *overrruling*, pelo próprio STJ, da súmula 286, publicada no mês de maio do ano de 2004, considerando decisões posteriores do superior tribunal pela falta de interesse de agir para rever pactos extintos, bem como pela vedação de comportamento contraditório.

Finalizados os exemplos a respeito da dinâmica dos precedentes, note-se que em uma decisão com dois fundamentos para a solução jurisdicional, mesmo que se retire um deles e a solução se mantenha intacta, isso não significa que aquele fundamento não foi a razão de decidir. Na verdade, teremos duas razões de decidir. Nesse sentido enunciado 173, do Fórum Permanente de Processualistas Civis - FPPC[10].

Veja-se que não necessariamente devem estar presentes todos os mesmos fatos para a mesma solução jurisdicional, mas apenas os fatos determinantes para aquela motivação jurídica.

Nas palavras precisas de DIDIER JUNIOR 2015:

> Muito dificilmente haverá identidade absoluta entre as circunstâncias de fato envolvidas no caso em julgamento e no caso que deu origem ao precedente. Sendo assim, se o caso concreto revela alguma peculiaridade que o diferencia do paradigma, ainda assim é possível que a ratio decidendi (tese jurídica) extraída do precedente lhe seja aplicada.

---

10. 173. (art. 927) Cada fundamento determinante adotado na decisão capaz de resolver de forma suficiente a questão jurídica induz os efeitos de precedente vinculante, nos termos do Código de Processo Civil.

2.4. SISTEMA DE PRECEDENTES PÁTRIO

O sistema de precedentes no Brasil conta com fundamentos constitucionais na igualdade e na segurança jurídica (artigo 5º, *caput*, da CF[11]), na tempestividade (artigo 5º, LXXVIII, da CF[12]), na competência do STJ//TST/STF (artigos 102, 105 e 111-A, § 1º, todos da CF c/c 702 e 894, II, da ambos CLT[13]), eficiência do Poder Judiciário (artigo 37, da CF[14]), entre outros.

Traz efetividade à igualdade na medida em que nem todos os cidadãos dispõem dos recursos necessários para

---

11. Art. 5º Todos são iguais perante a lei, sem distinção de qualquer natureza, garantindo-se aos brasileiros e aos estrangeiros residentes no País a inviolabilidade do direito à vida, à liberdade, à igualdade, à segurança e à propriedade, nos termos seguintes:
12. Art. 5º: LXXVIII - a todos, no âmbito judicial e administrativo, são assegurados a razoável duração do processo e os meios que garantam a celeridade de sua tramitação.
13. Art. 102. Compete ao Supremo Tribunal Federal, precipuamente, a guarda da Constituição, cabendo-lhe: Art. 105. Compete ao Superior Tribunal de Justiça: III - julgar, em recurso especial, as causas decididas, em única ou última instância, pelos Tribunais Regionais Federais ou pelos tribunais dos Estados, do Distrito Federal e Territórios, quando a decisão recorrida: a) contrariar tratado ou lei federal, ou negar-lhes vigência; b) julgar válido ato de governo local contestado em face de lei federal; c) der a lei federal interpretação divergente da que lhe haja atribuído outro tribunal. Art. 111-A. O Tribunal Superior do Trabalho compor-se-á de vinte e sete Ministros, escolhidos dentre brasileiros com mais de trinta e cinco anos e menos de sessenta e cinco anos, de notável saber jurídico e reputação ilibada, nomeados pelo Presidente da República após aprovação pela maioria absoluta do Senado Federal, sendo: § 1º A lei disporá sobre a competência do Tribunal Superior do Trabalho. Art. 702 - Ao Tribunal Pleno compete: Art. 894. No Tribunal Superior do Trabalho cabem embargos, no prazo de 8 (oito) dias: II - das decisões das Turmas que divergirem entre si ou das decisões proferidas pela Seção de Dissídios Individuais, ou contrárias a súmula ou orientação jurisprudencial do Tribunal Superior do Trabalho ou súmula vinculante do Supremo Tribunal Federal.
14. Art. 37. A administração pública direta e indireta de qualquer dos Poderes da União, dos Estados, do Distrito Federal e dos Municípios obedecerá aos princípios de legalidade, impessoalidade, moralidade, publicidade e eficiência e, também, ao seguinte:

chegar aos Tribunais Superiores. Veja-se que além de recursos financeiros faz-se necessário um conhecimento técnico diferenciado para efetiva interposição do Recurso Especial, do Recurso de Revista e do Recurso Extraordinário.

Bom lembrar aqui da jurisprudência defensiva de diversos tribunais que não raras vezes, levando em conta aspectos meramente formais, afastam a apreciação jurisdicional do objeto do litígio, em que pese o postulado da primazia da solução de mérito trazido expressamente no artigo 4º, do CPC[15] e efetivado em diversos outros dispositivos do mesmo diploma legal como no artigo 321[16].

Na justiça do trabalho temos diversas súmulas e orientações jurisprudenciais do Tribunal Superior do Trabalho consolidando jurisprudência defensiva em nítida violação ao princípio da primazia da solução de mérito, a exemplo do emblemático enunciado sumulado 221: "A admissibilidade do recurso de revista por violação tem como pressuposto a indicação expressa do dispositivo de lei ou da Constituição tido como violado".

Note-se que a não indicação do dispositivo legal não gera prejuízo a nenhuma das partes. O que importa é se há efetivamente ou não previsão legal ou constitucional que embase o suposto direito e não, a indicação expressa do dispositivo do ordenamento jurídico. Negar o conhecimento do recurso de revista por este fundamento, portanto, apenas implica em negativa de cidadania ao jurisdicionado.

---

15. Art. 4º As partes têm o direito de obter em prazo razoável a solução integral do mérito, incluída a atividade satisfativa.

16 Art. 321. O juiz, ao verificar que a petição inicial não preenche os requisitos dos arts. 319 e 320 ou que apresenta defeitos e irregularidades capazes de dificultar o julgamento de mérito, determinará que o autor, no prazo de 15 (quinze) dias, a emende ou a complete, indicando com precisão o que deve ser corrigido ou completado. Parágrafo único. Se o autor não cumprir a diligência, o juiz indeferirá a petição inicial.

Aliás, o próprio Tribunal Superior do Trabalho parece reconhecer a impertinência da súmula 221 ao editar o enunciado também sumulado 298, II: "O pronunciamento explícito exigido em ação rescisória diz respeito à matéria e ao enfoque específico da tese debatida na ação, e não, necessariamente, ao dispositivo legal tido por violado. Basta que o conteúdo da norma reputada violada haja sido abordado na decisão rescindenda para que se considere preenchido o pressuposto".

Consequentemente, o sistema de precedentes evita que dois cidadãos tenham soluções diversas para o mesmo litígio.

Embora seja bem clara a vinculação do sistema de precedentes à igualdade, não é demais registrar que o Conselho Nacional de Justiça encampa tal entendimento através da Recomendação 134 de 09 de setembro de 2002, especialmente no seu artigo 8º[17].

Gera segurança jurídica, pois permite que o cidadão saiba como agir de acordo com o ordenamento jurídico minimizando consideravelmente o risco de decisão judicial posterior em sentido oposto. Neste sentido, determinação legal para uniformização de forma estável, integra e coerente do entendimento do tribunal contida no artigo 926, do CPC[18], que será mais à frente aprofundada no tópico 2.7.

---

17. Art. 8º Os precedentes devem ser respeitados, a fim de concretizar o princípio da isonomia e da segurança jurídica, bem como de proporcionar a racionalização do exercício da magistratura.

18. Art. 926. Os tribunais devem uniformizar sua jurisprudência e mantê-la estável, íntegra e coerente. § 1º Na forma estabelecida e segundo os pressupostos fixados no regimento interno, os tribunais editarão enunciados de súmula correspondentes a sua jurisprudência dominante. § 2º Ao editar enunciados de súmula, os tribunais devem ater-se às circunstâncias fáticas dos precedentes que motivaram sua criação.

Corroborando tal relação dos precedentes com a segurança jurídica, a Recomendação 134 de 09 de setembro de 2002 do CNJ, especialmente no seu já citado artigo 8.

A otimização da duração razoável é identificada ao considerarmos que a observância dos precedentes agiliza o julgamento do caso concreto, já que considera experiência anterior onde se tem o mesmo fundamento jurídico. Ademais, tem intima relação com mecanismos do CPC em vigor que visam acelerar a solução definitiva da lide como a tutela de evidência (que independe de risco da demora) e decisão liminar com cognição exauriente (artigo 311, II e parágrafo único, do CPC[19]); o julgamento de recurso através de decisão monocrática do relator (artigo 932, IV e V, do CPC[20]); etc.

Aqui pertinente lembramos que grande parte dos processos que abarrotam o Poder Judiciário são ações de massa, situação em que fica mais claro ainda que o sistema de precedentes auxilia na duração razoável do processo, ensejando a diminuição das demandas submetidas à apreciação

---

19. Art. 311. A tutela da evidência será concedida, independentemente da demonstração de perigo de dano ou de risco ao resultado útil do processo, quando: II - as alegações de fato puderem ser comprovadas apenas documentalmente e houver tese firmada em julgamento de casos repetitivos ou em súmula vinculante; Parágrafo único. Nas hipóteses dos incisos II e III, o juiz poderá decidir liminarmente.

20. Art. 932. Incumbe ao relator: IV - negar provimento a recurso que for contrário a: a) súmula do Supremo Tribunal Federal, do Superior Tribunal de Justiça ou do próprio tribunal; b) acórdão proferido pelo Supremo Tribunal Federal ou pelo Superior Tribunal de Justiça em julgamento de recursos repetitivos; c) entendimento firmado em incidente de resolução de demandas repetitivas ou de assunção de competência; V - depois de facultada a apresentação de contrarrazões, dar provimento ao recurso se a decisão recorrida for contrária a: a) súmula do Supremo Tribunal Federal, do Superior Tribunal de Justiça ou do próprio tribunal; b) acórdão proferido pelo Supremo Tribunal Federal ou pelo Superior Tribunal de Justiça em julgamento de recursos repetitivos; c) entendimento firmado em incidente de resolução de demandas repetitivas ou de assunção de competência;

jurisdicional e assim auxiliando na diminuição do tempo para julgamento de outras demandas.

Novamente, segue a mesma linha a Recomendação 134 de 09 de setembro de 2002 do CNJ, especialmente no seu já mais de uma vez citado artigo 8.

Importante ainda trazer aqui a distinção entre tempestividade/duração razoável e celeridade. Quais mais rápido for o processo melhor, sim. Mas nunca podemos perder de vista a devida prestação jurisdicional. Não é devido que em nome da celeridade seja proferida uma decisão inconsistente (característica que será tratada no tópico 2.7), por exemplo.

Com efeito, o processo não precisa ser necessariamente célere, mas sim tempestivo, em outras palavras, ter a duração razoável necessária para atingir seu objetivo que é prestar a tutela jurisdicional, dizer o direito no caso concreto, o que exige a consistência da decisão que põe fim à demanda.

No que tange à preservação da competência do STF/STJ/TST, há uma ligação com o postulado fundamental da igualdade. Se o precedente do Tribunal Superior não for respeitado pelas instâncias inferiores e não houver efetiva interposição de recurso para apreciação por aquele, será em última análise desrespeitada a última palavra daquele na interpretação da constituição ou de matéria infraconstitucional.

Relevante notar que o sistema de precedentes auxilia ainda na eficiência do Poder Judiciário, princípio que deve ser alcançado nos termos do artigo 37, da CF, na medida em que permite a solução jurisdicional de um maior número de demandas em um menor espaço de tempo, bem como aplicação das normas efetivamente vinculadas ao caso concreto.

O sistema de precedentes guarda relação ainda com a política judiciária. Na verdade, nem deveria precisar constar em lei que a observância de determinados precedentes é obrigatória, já que decorre de uma questão lógica/de razoabilidade do devido respeito pelo juiz aos órgãos jurisdicionais revisores.

Imagine-se um magistrado que ciente de decisão do pleno do tribunal a que está vinculado, seja regionalmente seja tribunal superior seja o Supremo Tribunal Federal, decide em sentido oposto. Ora, neste caso fica muito claro que há problemas com a decisão de primeiro grau que deve respeito às instâncias superiores do judiciário.

O Código de Processo Civil – CPC de 2015 deixa claro em diversos dispositivos que traz uma importância maior aos precedentes judiciais que o CPC anterior de 1973. Além dos antes citados podemos citar o artigo 927, do CPC[21], que exige a observância e devida aplicação dos precedentes por todos os órgãos do Poder Judiciário; o artigo 332, do CPC[22], que permite a improcedência liminar/*prima facie* sem que sequer seja citada a parte contrária em casos de pedido que não observe o precedente vinculante; o artigo 521, IV, do

21. Art. 927. Os juízes e os tribunais observarão: I - as decisões do Supremo Tribunal Federal em controle concentrado de constitucionalidade; II - os enunciados de súmula vinculante; III - os acórdãos em incidente de assunção de competência ou de resolução de demandas repetitivas e em julgamento de recursos extraordinário e especial repetitivos; IV - os enunciados das súmulas do Supremo Tribunal Federal em matéria constitucional e do Superior Tribunal de Justiça em matéria infraconstitucional; V - a orientação do plenário ou do órgão especial aos quais estiverem vinculados.

22. Art. 332. Nas causas que dispensem a fase instrutória, o juiz, independentemente da citação do réu, julgará liminarmente improcedente o pedido que contrariar: I - enunciado de súmula do Supremo Tribunal Federal ou do Superior Tribunal de Justiça; II - acórdão proferido pelo Supremo Tribunal Federal ou pelo Superior Tribunal de Justiça em julgamento de recursos repetitivos; III - entendimento firmado em incidente de resolução de demandas repetitivas ou de assunção de competência; IV - enunciado de súmula de tribunal de justiça sobre direito local.

CPC[23], que dispensa caução para execução provisória de decisão pautada em precedente de observância obrigatória; o artigo 496, § 4º, do CPC[24], que dispensa a remessa necessária; o artigo 1.022, parágrafo único, I, do CPC[25], que considera omissa decisão que ignore fundamento jurídico de decisão de observância obrigatória (microssistema de precedentes vinculantes), entre outros.

Neste contexto, o estudo sobre superação, distinção e o devido enquadramento desses às especificidades do caso concreto se faz ainda mais pertinente.

2.5. PRECEDENTES JUDICIAIS COMO NORMA JURÍDICA

Todos os precedentes judiciais que contenham razão de decidir caracterizam norma jurídica, tendo potencial para ao menos influenciar o julgador do caso concreto posterior, contam ao menos com força de persuasão. Neste sentido, inclusive determina expressamente o artigo 489, § 1º, VI,

23. Art. 521. A caução prevista no inciso IV do art. 520 poderá ser dispensada nos casos em que: IV - a sentença a ser provisoriamente cumprida estiver em consonância com súmula da jurisprudência do Supremo Tribunal Federal ou do Superior Tribunal de Justiça ou em conformidade com acórdão proferido no julgamento de casos repetitivos.

24. Art. 496. Está sujeita ao duplo grau de jurisdição, não produzindo efeito senão depois de confirmada pelo tribunal, a sentença: § 4º Também não se aplica o disposto neste artigo quando a sentença estiver fundada em: I - súmula de tribunal superior; II - acórdão proferido pelo Supremo Tribunal Federal ou pelo Superior Tribunal de Justiça em julgamento de recursos repetitivos; III - entendimento firmado em incidente de resolução de demandas repetitivas ou de assunção de competência; IV - entendimento coincidente com orientação vinculante firmada no âmbito administrativo do próprio ente público, consolidada em manifestação, parecer ou súmula administrativa.

25. Art. 1.022. Cabem embargos de declaração contra qualquer decisão judicial para: Parágrafo único. Considera-se omissa a decisão que: I - deixe de se manifestar sobre tese firmada em julgamento de casos repetitivos ou em incidente de assunção de competência aplicável ao caso sob julgamento;

do CPC, que não se considera fundamentada decisão que "deixar de seguir enunciado de súmula, jurisprudência ou precedente invocado pela parte, sem demonstrar a existência de distinção no caso em julgamento ou a superação do entendimento".

Note-se que o dispositivo não exige invocação dos precedentes do artigo 927, do CPC, impondo que a decisão judicial considere jurisprudência ou precedente apontado sem qualquer especificação.

De qualquer forma, o magistrado deve levar em conta o precedente invocado, pois assim também exige o inciso IV do mesmo dispositivo legal ao considerar não fundamentada a decisão que: "não enfrentar todos os argumentos deduzidos no processo capazes de, em tese, infirmar a conclusão adotada pelo julgador".

Além disso, o caro princípio do contraditório e da ampla defesa não deve ser considerado apenas no seu aspecto formal (ser ouvido), mas também e especialmente no seu aspecto material (efetivamente ser considerado o que foi dito para a solução jurisdicional a ser adotada), conforme determinam expressamente os artigos 5º, XXXV, LIV e LV e 93, IX, ambos da CF e; 1.022, II e parágrafo único, II e 7º, 11, todos do CPC[26], além do já citado artigo 489, § 1º, IV e VI, do

26. CF: Art. 5º Todos são iguais perante a lei, sem distinção de qualquer natureza, garantindo-se aos brasileiros e aos estrangeiros residentes no País a inviolabilidade do direito à vida, à liberdade, à igualdade, à segurança e à propriedade, nos termos seguintes: XXXV - a lei não excluirá da apreciação do Poder Judiciário lesão ou ameaça a direito; LIV - ninguém será privado da liberdade ou de seus bens sem o devido processo legal; LV - aos litigantes, em processo judicial ou administrativo, e aos acusados em geral são assegurados o contraditório e ampla defesa, com os meios e recursos a ela inerentes; Art. 93. Lei complementar, de iniciativa do Supremo Tribunal Federal, disporá sobre o Estatuto da Magistratura, observados os seguintes princípios: IX todos os julgamentos dos órgãos do Poder Judiciário serão públicos, e fundamentadas todas as decisões, sob pena de nulidade, podendo a lei limitar a presença, em determinados atos, às próprias partes e

CPC. Com efeito, os precedentes com idêntica razão de decidir trazidos pela parte processual não podem ser ignorados pelo julgador.

Outro exemplo da carga influenciadora de qualquer precedente se dá na previsão legal para embargos de divergência (artigo 1.043, do CPC) e recurso especial fundamentado em divergência (artigos 105, III, "c", da CF e 1.029, § 1º, do CPC), como bem lembra DIDIER JUNIOR 2015. Acrescente-se, ainda, o recurso de revista e embargos à SDI por divergência no âmbito do processo do trabalho (artigos 894, II e 896, "a" e "b", da CLT).

Não é irrelevante apontar também a importância dos precedentes para atuação dos advogados em recursos e sustentação oral, devidamente apontando ao órgão colegiado, por exemplo, precedente de Tribunal Superior com a mesma razão de decidir que deve ser considerado ou a necessidade de coerência externa da decisão a ser proferida (determinada pelo artigo 926, do CPC, tratado no tópico 2.7), ou seja, a devida observância de precedentes proferidos por aquele mesmo órgão julgador adotando os mesmos fundamentos jurídicos.

A título de exemplo pensemos em um acórdão de órgão colegiado fracionário de Tribunal que reconhece direito à

---

a seus advogados, ou somente a estes, em casos nos quais a preservação do direito à intimidade do interessado no sigilo não prejudique o interesse público à informação; CPC: Art. 1.022. Cabem embargos de declaração contra qualquer decisão judicial para: II - suprir omissão de ponto ou questão sobre o qual devia se pronunciar o juiz de ofício ou a requerimento; Parágrafo único. Considera-se omissa a decisão que: II - incorra em qualquer das condutas descritas no art. 489, § 1o. Art. 7º É assegurada às partes paridade de tratamento em relação ao exercício de direitos e faculdades processuais, aos meios de defesa, aos ônus, aos deveres e à aplicação de sanções processuais, competindo ao juiz zelar pelo efetivo contraditório. Art. 11. Todos os julgamentos dos órgãos do Poder Judiciário serão públicos, e fundamentadas todas as decisões, sob pena de nulidade.

penhora e outro acórdão posterior deste mesmo órgão que diante do mesmo contexto fático determinante e jurídico (razão de decidir) deixa de reconhecer o mesmo direito, simplesmente desconsiderando seu próprio precedente. Ao proferir o segundo acórdão sem justificar a superação de seu próprio precedente o órgão jurisdicional age de forma incoerente, em afronta ao que determina o artigo 926, do CPC.

Outra faceta da relevância dos precedentes guarda relação com a identificação da consequência jurídica de determinações legais e constitucionais. Muitas vezes apenas com a leitura da lei ou da constituição o operador do direito não consegue extrair precisamente sua normatividade. Daí os precedentes, ao tratar do direito em movimento, digamos assim, auxilia na identificação da força normativa do texto. Em outras palavras, os precedentes ajudam a melhor entender o direito.

Contudo, é imprescindível sempre lembrar de ter um olhar crítico para as interpretações contidas nos precedentes, já que aquelas podem estar eivadas de ilegalidades e inconstitucionalidades merecendo ser superadas.

O artigo 927, do CPC, impõe a observância pelo Judiciário de determinados precedentes. A maior parte da doutrina afirma que esta espécie de precedente conta com força vinculante, conforme enunciado 170, do Fórum Permanente de Processualistas Civis – FPPC[27].

No mesmo sentido segue DIDIER JR. 2015: "No Brasil, há precedentes com força vinculante – é dizer, em que a ratio decidendi contida na fundamentação de um julgado tem força vinculante. Estão eles enumerados no art. 927, CPC.".

27. Enunciado 170, FPPC: As decisões e precedentes previstos nos incisos do caput do art. 927 são vinculantes aos órgãos jurisdicionais a eles submetidos.

Contudo, pondera Nelson Nery Junior em palestra ministrada em simpósio sobre o CPC de 2015 uma crítica a tal entendimento, considerando o postulado da separação dos poderes que impede o positivismo jurisdicional. Tanto seria assim, que a súmula vinculante do STF exigiu emenda constitucional, o que nos parece fazer bastante sentido.

Nas palavras de NERY JUNIOR 2018:

> 5. Juízes e tribunais observarão. O texto normativo impõe, imperativamente, aos juízes e tribunais que cumpram e apliquem os preceitos nele arrolados. Trata-se de comando que considera esses preceitos como abstratos e de caráter geral, vale dizer, com as mesmas características da lei. Resta analisar se o Poder Judiciário tem autorização constitucional para legislar, fora do caso da Súmula Vinculante do STF, para o qual a autorização está presente na CF 103-A. Somente no caso da súmula vinculante, o STF tem competência constitucional para estabelecer preceitos de caráter geral. Como se trata de situação excepcional – Poder Judiciário a exercer função típica do Poder Legislativo – a autorização deve estar expressa no texto constitucional e, ademais, se interpreta restritivamente, como todo preceito de exceção. Observar decisão: a) em RE e REsp repetitivos, b) em incidente de assunção de competência, c) em incidente de resolução de demandas repetitivas (IRDR), d) entendimento constante da súmula simples do STF em matéria constitucional, e) entendimento constante da súmula do STJ em matéria infraconstitucional (rectius: federal) e f) do órgão especial ou do plenário do tribunal a que estejam vinculados os juízes significa que esses preceitos vinculam juízes e tribunais, vinculação essa de inconstitucionalidade flagrante. O objetivo almejado pelo CPC 927, para ser efetivo, necessita de autorização prévia da CF. Como não houve modificação na CF para propiciar ao Judiciário legislar, como não se obedeceu ao devido processo, não se pode afirmar a legitimidade desse instituto previsto no texto comentado. Existem alguns projetos de

> emenda constitucional em tramitação no Congresso Nacional com o objetivo de instituírem súmula vinculante no âmbito do STJ e TST, bem como para adotar-se a súmula impeditiva de recurso (PEC 358/05), ainda sem votação no parlamento. Portanto, saber que é necessário alterar-se a Constituição para criar-se decisão vinculante todos sabem. Optou-se, aqui, pelo caminho mais fácil, mas inconstitucional. Não se resolve problema de falta de integração da jurisprudência, de gigantismo da litigiosidade com atropelo do due process of law. Mudanças são necessárias, mas devem constar de reforma constitucional que confira ao Poder Judiciário poder para legislar nessa magnitude que o CPC, sem cerimônia, quis lhe conceder.

No nosso pensar, em que pese sejam relevantes os argumentos pela violação à separação dos poderes, contamos com todos os direitos fundamentais tratados anteriormente para justificar a existência do sistema de precedentes. Logo, como não existem normas absolutas na constituição, através de interpretação sistemática, o postulado da separação de poderes deve sucumbir às demais normas constitucionais em questão, especialmente igualdade e segurança jurídica (artigo 5º, caput, da CF), duração razoável do processo (artigo 5º, LXXVIII, da CF), competência do STJ/STF (artigos 102 e 105, ambos da CF), eficiência do Poder Judiciário (artigo 37, da CF), entre outros.

Com razão de decidir semelhante (pela inexistência de normas constitucionais absolutas) decidiu o STF na ADI 2418, com inteiro teor publicado em 17/11/2016 e grifos nossos:

> "...
>
> 9. Registre-se, desde logo, que, segundo a jurisprudência assentada no STF (por todos, ilustrativamente, o acórdão de lavra do Min. Celso de Mello no RE 681.953, DJe de 09.11.12, com farta indicação de precedentes no mesmo sentido), o instituto da coisa julgada, **embora de matriz constitucional**, tem sua conformação

delineada pelo legislador ordinário, ao qual se confere a faculdade de estabelecer seus limites objetivos e subjetivos, podendo, portanto, **indicar as situações em que tal instituto cede passo a postulados, princípios ou bens de mesma hierarquia, porque também juridicamente protegidos pela Constituição**. É o que ocorre, v.g., nas hipóteses de ação rescisória previstas no art. 485 do CPC/73 (e no art. 966 do CPC/15), em que a coisa julgada fica submetida a outros valores constitucionais considerados circunstancialmente preponderantes, como o da imparcialidade do juiz (incisos I e II), o da boa-fé e da seriedade das partes quando buscam a tutela jurisdicional (inciso III), o da própria coisa julgada (inciso IV) e, mesmo, o da justiça da sentença quando comprometida por ofensa à literalidade de lei ou por manifesta contrariedade aos fatos ou à prova (incisos V a IX). É evidente que, como sempre ocorre nessa atividade normativa infraconstitucional de dar concreção a normas constitucionais e, se for o caso, de estabelecer fórmulas para harmonizar eventuais situações de colisão de valores ou princípios de superior hierarquia, a legitimidade da solução oferecida pelo legislador ordinário supõe observância de critérios de razoabilidade e de proporcionalidade, a fim de não comprometer mais do que o estritamente necessário qualquer dos valores ou princípios constitucionais colidentes. 10. À luz das premissas indicadas é que deve ser examinada a legitimidade constitucional do instrumento processual previsto no parágrafo único do art. 741 do CPC/73 e no art. 475-L, § 1º (reproduzidos, como já se enfatizou, nos artigos 525, §§ 12 e 14, 535, § 5º do CPC/15). Há polêmica a respeito dele na doutrina. Por um lado, há os que simplesmente o consideram inconstitucional por ofensa ao princípio da coisa julgada (v.g.: Nelson Nery Júnior e Rosa Maria de Andrade Nery, Código de Processo Civil Comentado, 8ª ed., SP, RT, 2004, p. 1156; Dalton Luiz Dallazem, Execução de título judicial fundado em lei ou ato normativo declarados inconstitucionais pelo STF, Revista Dialética de Direito Processual – RDDP, 14:21).

É posicionamento que tem como pressuposto lógico – expresso ou implícito – a sobrevalorização do princípio da coisa julgada, que estaria hierarquicamente acima de qualquer outro princípio constitucional, inclusive o da supremacia da Constituição, o que não é verdadeiro. Se o fosse, ter-se-ia de negar a constitucionalidade da própria ação rescisória, instituto que evidencia claramente que a coisa julgada não tem caráter absoluto, comportando limitações, especialmente quando estabelecidas, como ocorreu no dispositivo em exame, por via de legislação ordinária. Há, por outro lado, corrente de pensamento situada no outro extremo, dando prevalência máxima ao princípio da supremacia da Constituição e, por isso mesmo, considerando insuscetível de execução qualquer sentença tida por inconstitucional, independentemente do modo como tal inconstitucionalidade se apresenta ou da existência de pronunciamento do STF a respeito, seja em controle difuso, seja em controle concentrado (v.g.: THEODORO JR., Humberto."A reforma do processo de execução e o problema da coisa julgada inconstitucional", Revista Brasileira de Estudos Políticos, 89, jan.-jun. 2004, Belo Horizonte (MG), p. 94/95). Também essa corrente merece críticas. Ela confere aos embargos à execução uma eficácia rescisória muito maior que a prevista no parágrafo único do art. 741 do CPC/73, aqui examinado, eficácia essa que, para sustentar-se, haveria de buscar apoio, portanto, não nesse dispositivo infraconstitucional, mas diretamente na Constituição. Ademais, a admitir-se a ineficácia das sentenças em tão amplos domínios, restaria eliminado, de modo completo, pelo menos em matéria constitucional, o instituto da coisa julgada, que também tem assento na Constituição. Comprometer-se-ia também um dos escopos primordiais do processo, o da pacificação social mediante eliminação da controvérsia, pois ficaria aberta a oportunidade de permanente renovação do questionamento judicial de lides já decididas. Ensejar-se-ia que qualquer juiz, simplesmente invocando a inconstitucionalidade, negasse execução a qualquer sentença, inclusive as proferidas por órgãos judiciários hierarquicamente superiores (tribunais de apelação e mesmo tribunais superiores). Em suma, propiciar-se-ia, em matéria constitucional, a perene instabilidade do julgado, dando razão à precisa crítica de Barbosa Moreira:

[...]

In medio virtus. Entre as duas citadas correntes (que, com suas posições extremadas, acabam por comprometer o núcleo essencial de princípios constitucionais, ou o da supremacia da Constituição ou o da coisa julgada) estão os que, reconhecendo a constitucionalidade das questionadas normas (arts. 741, parágrafo único, e 475-L, § 1.º, do CPC/73), buscam dar-lhes o alcance compatível com o seu enunciado, alcance esse que, todavia, nem sempre é de compreensão unívoca. Há quem sustente que a inexigibilidade do título executivo judicial seria invocável apenas nas restritas hipóteses em que houver precedente do STF em controle concentrado de constitucionalidade, declarando a inconstitucionalidade do preceito normativo aplicado pela sentença exequenda (v.g.: ASSIS, Araken de. Eficácia da coisa julgada inconstitucional. Revista Dialética de Direito Processual – RDDP n. 4. p. 9-27. São Paulo: Dialética). E há quem vê no texto normativo um domínio

11. A constitucionalidade do parágrafo único do art. 741 e do §1º do art. 475-L do CPC/73 (semelhantes aos artigos 525, §§ 12 e 14, 535, § 5º do CPC/15) decorre do seu significado e da sua função. São preceitos normativos que, buscando harmonizar a garantia da coisa julgada com o primado da Constituição, vieram apenas agregar ao sistema processual um instrumento com eficácia rescisória de certas sentenças eivadas de especiais e qualificados vícios de inconstitucionalidade. Não se trata, portanto, de solução processual com a força ou com o desiderato de solucionar, por inteiro, todos os possíveis conflitos entre os princípios da supremacia da Constituição e o instituto da coisa julgada

> e muito menos para rescindir ou negar exequibilidade a todas as sentenças inconstitucionais.
>
> ..."

Esclarece NOVELINO MARCELO 2010:

> As regras tradicionais de hermenêutica têm se revelado insuficientes para a solução de colisões entre princípios, cuja superação impõe restrições e sacrifícios a um ou a ambos os lados. A ponderação se apresenta como uma técnica de decisão a ser utilizada para solucionar tais conflitos, sobretudo nos casos difíceis (hard cases). Por meio da ponderação de interesses opostos é estabelecida uma relação de preferência condicionada que diz sob quais condições um princípio precede a outro.

2.6. NORMAS SOBRE DEVIDA APLICABILIDADE DE PRECEDENTES

Os operadores do direito enfrentam no dia a dia a complexidade do devido enquadramento dos precedentes judiciais às peculiaridades do caso concreto. Deixando isso claro basta notar que muitos dos entendimentos sumulados não permitem sequer a identificação do seu fundamento jurídico.

Como exemplo temos a súmula 565, do STJ, que assim estabelece:

> A pactuação das tarifas de abertura de crédito (TAC) e de emissão de carnê (TEC), ou outra denominação para o mesmo fato gerador, é válida apenas nos contratos bancários anteriores ao início da vigência da Resolução-CMN n. 3.518/2007, em 30/4/2008.

Contudo, analisando seus precedentes, em especial o julgamento de recurso repetitivo que a antecedeu, verificamos que sua razão de decidir está vinculada a norma aplicável à pessoa física, ou seja, não há precedente em relação à tarifa cobrada de pessoa jurídica. Não consta no enunciado em apreço, por exemplo, que sua aplicabilidade se restringe à pessoa física e assim sendo, não consta a razão de decidir apta a caracterizar um precedente.

Deixando isso claro neste exemplo, temos que a Resolução CMN 3.518-2007, que serviu de fundamento para o entendimento sumulado, trata de tarifas cobradas de serviços prestados a pessoas físicas e não, jurídicas. Vejamos alguns dispositivos da norma:

> Art. 1º A cobrança de tarifas pela prestação de serviços por parte das instituições financeiras e demais instituições autorizadas a funcionar pelo Banco Central do Brasil deve estar prevista no contrato firmado entre a instituição e o cliente ou ter sido o respectivo serviço previamente autorizado ou solicitado pelo cliente ou pelo usuário.
>
> § 1º Para efeito desta resolução:
>
> I - considera-se cliente a pessoa que possui vínculo negocial não esporádico com a instituição, decorrente de contrato de depósitos, de operação de crédito ou de arrendamento mercantil, de prestação de serviços ou de aplicação financeira;
>
> II - os serviços prestados **a pessoas físicas** são classificados como essenciais, prioritários, especiais e diferenciados;
>
> Art. 2º É vedada às instituições de que trata o art. 1º a cobrança de tarifas pela prestação de serviços bancários essenciais **pessoas físicas**, assim considerados aqueles relativos a:

No mesmo sentido é o precedente do STJ, sob o rito dos recursos repetitivos, que embasou a súmula 565:

> ...
>
> 9. Teses para os efeitos do art. 543-C do CPC:
>
> - 1ª Tese: Nos contratos bancários celebrados até 30.4.2008 (fim da vigência da Resolução CMN 2.303/96) era válida a pactuação das tarifas de abertura de crédito (TAC) e de emissão de carnê (TEC), ou outra denominação para o mesmo fato gerador, ressalvado o exame de abusividade em cada caso concreto.
>
> - 2ª Tese: Com a vigência da Resolução CMN 3.518/2007, em 30.4.2008, a cobrança por serviços bancários prioritários **para pessoas físicas** ficou limitada às hipóteses taxativamente previstas em norma padronizadora expedida pela autoridade monetária. Desde então, não mais tem respaldo legal a contratação da Tarifa de Emissão de Carnê (TEC) e da Tarifa de Abertura de Crédito (TAC), ou outra denominação para o mesmo fato gerador. Permanece válida a Tarifa de Cadastro expressamente tipificada em ato normativo padronizador da autoridade monetária, a qual somente pode ser cobrada no início do relacionamento entre o consumidor e a instituição financeira;
>
> ... RESP 1.255.573 (grifo nosso)

Outrossim, não raras vezes nos deparamos com precedentes indevidamente utilizados por todos os operadores do direito sejam advogados, promotores, juízes, órgãos colegiados inteiros, entre outros.

Diversos direitos fundamentais impõem a superação, distinção e o devido enquadramento de precedentes, entre eles o devido processo legal (artigo 5º, LIV, da CF[28]), a fundamentação das decisões (artigo 93, IX, da CF[29]), o controle

---

28. Art. 5º: LIV - ninguém será privado da liberdade ou de seus bens sem o devido processo legal;

29. Art. 93. Lei complementar, de iniciativa do Supremo Tribunal Federal, disporá sobre o Estatuto da Magistratura, observados os seguintes princípios:

difuso da constitucionalidade das normas (artigo 1º, parágrafo único e 5º, XXXV, ambos da CF[30]). Ainda a já citada igualdade, entre outros.

Não há que se falar em devido processo legal na utilização de precedente desconsiderando-se o fundamento jurídico deste, bem como os fatos determinantes e direito aplicado no caso concreto que está sendo julgado.

Da mesma forma não pode ser considerada fundamentada decisão que não procede com a devida análise do precedente e da sua relação com a hipótese objeto da demanda em voga. Aqui temos previsão expressa do CPC em vigor contida no artigo 489, § 1º, V e VI, do CPC[31].

Diz DIDIER JUNIOR 2015 sobre o tema:

> É preciso – e exigível – que a decisão judicial identifique exatamente as questões de fato que se reputaram como essenciais ao deslinde da causa e delineie, também de forma explícita, a tese jurídica adotada para

---

IX - todos os julgamentos dos órgãos do Poder Judiciário serão públicos, e fundamentadas todas as decisões, sob pena de nulidade, podendo a lei limitar a presença, em determinados atos, às próprias partes e a seus advogados, ou somente a estes, em casos nos quais a preservação do direito à intimidade do interessado no sigilo não prejudique o interesse público à informação;

30. Art. 1º A República Federativa do Brasil, formada pela união indissolúvel dos Estados e Municípios e do Distrito Federal, constitui-se em Estado democrático de direito e tem como fundamentos: Parágrafo único. Todo o poder emana do povo, que o exerce por meio de representantes eleitos ou diretamente, nos termos desta Constituição. Art. 5º: XXXV - a lei não excluirá da apreciação do Poder Judiciário lesão ou ameaça a direito;

31. Art. 489. São elementos essenciais da sentença: § 1º Não se considera fundamentada qualquer decisão judicial, seja ela interlocutória, sentença ou acórdão, que: V - se limitar a invocar precedente ou enunciado de súmula, sem identificar seus fundamentos determinantes nem demonstrar que o caso sob julgamento se ajusta àqueles fundamentos; VI - deixar de seguir enunciado de súmula, jurisprudência ou precedente invocado pela parte, sem demonstrar a existência de distinção no caso em julgamento ou a superação do entendimento.

> sua análise e apara se chegar à conclusão exposta na parte dispositiva. É também preciso – e, igualmente exigível – que, ao aplicar ou deixar de aplicar um precedente, o órgão jurisdicional avalie, de modo explícito, a pertinência da sua aplicação, ou não, ao caso concreto, contrapondo as circunstâncias de fato envolvidas aqui e ali e verifique se a tese jurídica adotada outrora é adequada, ou não, para o julgamento. Tudo isso compõe expressamente o dever judicial de fundamentação na forma dos arts. 489, §1° e 927, §1°, CPC.

Através do controle de constitucionalidade das normas deve ser superado precedente inconstitucional. Ressalte-se aqui que as normas jurídicas englobam as leis, a jurisprudência, os precedentes, a doutrina, etc.

A igualdade constitucional impede que fundamento jurídico de precedente seja aplicado para caso diverso do por ele considerado. Caso assim o faça estaríamos tratando situações desiguais de forma igual, violando o tão caro direito fundamental à igualdade material.

Assim bem define DIDIER JUNIOR 2015:

> É necessário, contudo, ter também em mente a hipótese inversa: a utilização acrítica dos precedentes, sem que se faça o devido cotejo das circunstâncias de fato que o motivaram com as circunstâncias de fato verificadas no caso concreto, pode dar ensejo a sérias violações ao princípio da igualdade, haja vista que esse princípio abrange também o direito a um tratamento diferenciado quando se tratar de sujeitos ou circunstâncias diferenciadas. Com efeito, é também violador da igualdade o comportamento do órgão jurisdicional que simplesmente aplica um precedente sem observar que as circunstâncias concretas não permitiriam a sua aplicação, tratando como iguais situações substancialmente distintas.

O artigo 896, §§ 1º-A, 7º e 8º, parte final, da CLT, traz expressamente já a algum tempo os seguintes requisitos, entre outros, para caracterizar a decisão paradigma apta a ensejar o cabimento de recurso de revista por divergência jurisprudencial: a) indicação do trecho da decisão recorrida que demonstre a divergência com a decisão paradigma, mencionando as circunstâncias que assemelham os fatos e direito objeto das decisões em análise e; b) decisão paradigma tem que ser atual, não se considerando como tal, julgado ultrapassado por súmula do Tribunal Superior do Trabalho ou do Supremo Tribunal Federal, ou superado por iterativa e notória jurisprudência do Tribunal Superior do Trabalho.

O TST esclarece na súmula de jurisprudência 296 a necessidade de que para divergência o acórdão recorrido e o paradigma tratem dos mesmos fatos determinantes[32].

A devida aplicabilidade dos precedentes é ainda determinada por diversos dispositivos do CPC em vigor (926, §2º; 927, § 1º; 1.037, §9º; 966, §§5º e 6º[33]; etc.), bem como em vários

---

32. Súmula nº 296 do TST - RECURSO. DIVERGÊNCIA JURISPRUDENCIAL. ESPECIFICIDADE (incorporada a Orientação Jurisprudencial nº 37 da SBDI-1) - Res. 129/2005, DJ 20, 22 e 25.04.2005 I - A divergência jurisprudencial ensejadora da admissibilidade, do prosseguimento e do conhecimento do recurso há de ser específica, revelando a existência de teses diversas na interpretação de um mesmo dispositivo legal, embora **idênticos os fatos que as ensejaram**. II - Não ofende o art. 896 da CLT decisão de Turma que, examinando **premissas concretas de especificidade** da divergência colacionada no apelo revisional, conclui pelo conhecimento ou desconhecimento do recurso.

33. Exemplos do CPC de 2015: Art. 489. São elementos essenciais da sentença: II - os fundamentos, em que o juiz analisará as questões de fato e de direito; § 1o Não se considera fundamentada qualquer decisão judicial, seja ela interlocutória, sentença ou acórdão, que: V - se limitar a invocar precedente ou enunciado de súmula, sem identificar seus fundamentos determinantes nem demonstrar que o caso sob julgamento se ajusta àqueles fundamentos; VI - deixar de seguir enunciado de súmula, jurisprudência ou precedente invocado pela parte, sem demonstrar a existência de distinção no caso em julgamento ou a superação do entendimento. Art. 926. § 2º Ao editar enunciados de súmula, os tribunais devem ater-se às circunstâncias fáticas

outros diplomas legais, como o Regimento Interno do Superior Tribunal de Justiça (255, §2º[34]), entre outros.

Veja-se também enunciados 306 e 166, ambos do Fórum Permanente de Processualistas Civis – FPPC a respeito[35], que deixam claro que para aplicar qualquer precedente se faz necessário previamente identificar sua razão de decidir. A busca desta, na maior parte das vezes, exige análise da fundamentação fática determinante e jurídica do voto que prevaleceu para determinada ementa ou súmula.

---

dos precedentes que motivaram sua criação. Art. 927. Os juízes e os tribunais observarão: § 1º Os juízes e os tribunais observarão o disposto no art. 10 e no art. 489, § 1º, quando decidirem com fundamento neste artigo. Art. 1.037. § 9º Demonstrando distinção entre a questão a ser decidida no processo e aquela a ser julgada no recurso especial ou extraordinário afetado, a parte poderá requerer o prosseguimento do seu processo. Art. 966. (§§ 5º e 6º não existiam na publicação original do NCPC – incluídos pela Lei 13.256/16) § 5º Cabe ação rescisória, com fundamento no inciso V do caput deste artigo, contra decisão baseada em enunciado de súmula ou acórdão proferido em julgamento de casos repetitivos que não tenha considerado a existência de distinção entre a questão discutida no processo e o padrão decisório que lhe deu fundamento. § 6º Quando a açao rescisória fundar-se na hipótese do § 5º deste artigo, caberá ao autor, sob pena de inépcia, demonstrar, fundamentadamente, tratar-se de situação particularizada por hipótese fática distinta ou de questão jurídica não examinada, a impor outra solução jurídica.

34. RISTJ: Art. 255. O recurso especial será interposto na forma e no prazo estabelecido na legislação processual vigente, e recebido no efeito devolutivo. § 1º A comprovação de divergência, nos casos de recursos fundados na alínea c do inciso III do art. 105 da Constituição, será feita: § 2º Em qualquer caso, o recorrente deverá transcrever os trechos dos acórdãos que configurem o dissídio, mencionando as circunstâncias que identifiquem ou assemelhem os casos confrontados.

35. Enunciado 306, do FPPC: O precedente vinculante não será seguido quando o juiz ou tribunal distinguir o caso sob julgamento, demonstrando, fundamentadamente, tratar-se de situação particularizada por hipótese fática distinta, a impor solução jurídica diversa. Enunciado 166, do FPPC: A aplicação dos enunciados das súmulas deve ser realizada a partir dos precedentes que os formaram e dos que os aplicaram posteriormente.

2.7. DEVER DE UNIFORMIDADE, ESTABILIDADE, COERÊNCIA E INTEGRIDADE

Os tribunais são legalmente obrigados a manter sua jurisprudência uniforme, estável, coerente e íntegra, conforme determina o artigo 926, do CPC[36].

A uniformidade está relacionada com a busca constante em acabar com posições divergentes dentro do mesmo órgão jurisdicional e até mesmo dentro de todo o poder judiciário. Não é uniforme jurisprudência que conta com decisões em sentidos divergentes de seus órgãos fracionários, por exemplo. A Turma ou Câmara (órgão fracionário do tribunal) tem o dever de diante de decisões contraditórias de outra Turma ou Câmara submeter o tema ao órgão superior buscando a uniformização do entendimento daquele tribunal sempre que possível.

Este dever de uniformidade deixa claro como os dispositivos do sistema de precedentes estão inter-relacionados. Exemplificando: como visto anteriormente, o artigo 927, do CPC, traz precedentes de observância obrigatória. Este efeito vinculante acaba por trazer a uniformidade da jurisprudência imposta pelo artigo 926, do CPC, ora em análise. Da mesma forma, também visando a uniformidade do entendimento jurisdicional, é a técnica de julgamentos colegiados não unanimes (artigo 942) e o recurso de embargos de divergência (artigo 1.043).

Aqui é pertinente citar uma ideia do brilhante Fredie Didier em *live* no *Instagram* em 08/07/2020, com a qual eu concordo plenamente por entender que faz todo sentido na interpretação das normas cogentes do CPC.

---

36. Art. 926. Os tribunais devem uniformizar sua jurisprudência e mantê-la estável, íntegra e coerente.

Vamos à ideia: as súmulas 343, do STF[37] e 83, do TST[38], esta última por mim acrescentada, claramente não têm mais espaço no ordenamento jurídico após a vigência do artigo 926, do CPC[39], que como dito determina a uniformização da jurisprudência. A rescisória é cabível justamente pela violação da norma jurídica (artigo 966, V, do CPC[40]) que impõe uniformidade que não existe quando estamos diante de interpretação divergente. Não é para existir interpretação divergente, quanto mais essa ter o condão de impedir a procedência de ação rescisória.

Temos um exemplo legal na busca dessa uniformidade na justiça laboral vigente desde 1943, qual seja, o cabimento de recurso para tribunal superior diante da divergência do acórdão do Tribunal Regional do Trabalho-TRT de determinada região com precedente, seja do pleno ou de turma, de TRT de outra região ou com decisão da Subseção de Dissídios Individuais do Tribunal Superior do Trabalho-TST, órgão responsável por pacificar entendimentos sobre

37. STF, Súmula 343: Não cabe ação rescisória por ofensa a literal disposição de lei, quando a decisão rescindenda se tiver baseado em texto legal de interpretação controvertida nos tribunais.

38. TST, Súmula 83: AÇÃO RESCISÓRIA. MATÉRIA CONTROVERTIDA
I - Não procede pedido formulado na ação rescisória por violação literal de lei se a decisão rescindenda estiver baseada em texto legal infraconstitucional de interpretação controvertida nos Tribunais. (ex-Súmula nº 83 - alterada pela Res. 121/2003, DJ 21.11.2003)
II - O marco divisor quanto a ser, ou não, controvertida, nos Tribunais, a interpretação dos dispositivos legais citados na ação rescisória é a data da inclusão, na Orientação Jurisprudencial do TST, da matéria discutida. (ex-OJ nº 77 da SBDI-2 - inserida em 13.03.2002)

39. Aplicável na Justiça Trabalhista, conforme reconhece o próprio TST, no artigo 3º, XXIII, da sua instrução normativa nº 39: Art. 3º Sem prejuízo de outros, aplicam-se ao Processo do Trabalho, em face de omissão e compatibilidade, os preceitos do Código de Processo Civil que regulam os seguintes temas: XXIII - arts. 926 a 928 (jurisprudência dos tribunais);

40. Art. 966. A decisão de mérito, transitada em julgado, pode ser rescindida quando: V - violar manifestamente norma jurídica;

a legislação trabalhista, ou com súmula do TST ou com súmula vinculante (artigo 896, "a", da CLT[41]).

Uma vez uniformizada a jurisprudência, os juízos singulares e os órgãos fracionários devem respeito aquele entendimento, conforme inclusive determina o artigo 927, V, do CPC[42].

Já a estabilidade guarda ligação com a superação do precedente. Aqui vale destacar que tanto mais o precedente firmado for consistente (o que será tratado a seguir) tanto mais será estável.

Será adotado aqui o entendimento trazido por Fredie Didier Jr. no sentido de que a coerência e a integridade são elementos da consistência do precedente. Diz DIDIER JUNIOR 2015: "No final das contas, o relevante será a soma dos deveres atribuídos ao tribunal a partir dos postulados da coerência e da integridade. A essa soma, a esse amálgama pode-se dar o nome de consistência.".

> Coerência é a característica daquilo que tem lógica e coesão, quando um conjunto de ideias apresenta nexo e uniformidade. Para que algo tenha coerência, este objeto precisa apresentar uma sequência que dê um sentido geral e lógico ao receptor, de forma que não haja contradições ou dúvidas acerca do assunto. A origem da palavra "coerência" está no latim *cohaerentia*, que significa "conexão" ou "coesão"[43].

---

41. Art. 896 - Cabe Recurso de Revista para Turma do Tribunal Superior do Trabalho das decisões proferidas em grau de recurso ordinário, em dissídio individual, pelos Tribunais Regionais do Trabalho, quando: a) derem ao mesmo dispositivo de lei federal interpretação diversa da que lhe houver dado outro Tribunal Regional do Trabalho, no seu Pleno ou Turma, ou a Seção de Dissídios Individuais do Tribunal Superior do Trabalho, ou contrariarem súmula de jurisprudência uniforme dessa Corte ou súmula vinculante do Supremo Tribunal Federal;
42. Art. 927. Os juízes e os tribunais observarão: V - a orientação do plenário ou do órgão especial aos quais estiverem vinculados.
43. https://www.significados.com.br/coerencia/.

O dever de coerência/coesão impõe a observância do fundamento jurídico de decisões judiciais anteriores proferidas pelo mesmo órgão jurisdicional (coerência externa), bem como impede que a decisão judicial seja contraditória ou ilógica (coerência interna). A contradição e a falta de lógica referidas são internas à decisão, já que a incorreção considerando aspectos externos, a exceção de precedente anterior do mesmo órgão, afetará sua integridade, conforme tratado abaixo.

O TST, através de seu órgão pacificador (SDI-1), já reconheceu essa necessidade de coerência externa, vejamos:

> RECURSO DE EMBARGOS EM EMBARGOS DE DECLARAÇÃO EM RECURSO DE REVISTA REGIDO PELA LEI Nº 13.015/2014. PRESCRIÇÃO SUSCITADA EM DEFESA E AFASTADA PELO JUÍZO DE PRIMEIRO GRAU. IMPROCEDÊNCIA DOS PEDIDOS INICIAIS. AUSÊNCIA DE RECURSO ORDINÁRIO ADESIVO. ARGUIÇÃO EM CONTRARRAZÕES AO RECURSO ORDINÁRIO. INTERPOSIÇÃO NA VIGÊNCIA DO CÓDIGO DE PROCESSO CIVIL DE 1973. POSSIBILIDADE. ... Ressalte-se, por fim, que, na forma do disposto no caput do artigo 926 do CPC de 2015, "Os tribunais devem uniformizar sua jurisprudência e mantê-la estável, íntegra e coerente". Se o Tribunal Superior do Trabalho já consolidou seu entendimento acerca da possibilidade de exame de matérias preliminares e prejudiciais, desde que suscitadas até as contrarrazões ao recurso ordinário (Súmula nº 153) ou, no caso da Súmula nº 393, I, nem necessário seria fazê-lo nas contrarrazões, mister se manter a coerência também neste caso, em que a parte ré arguiu a prescrição em sede de defesa e reiterou em contrarrazões. Recurso de embargos conhecido e provido. (TST-E-ED-RR-103900-80.2012.5.17.0001, Cláudio Mascarenhas Brandão, DEJT 08.03.19).
>
> "RECURSO ORDINÁRIO. EFEITO DEVOLUTIVO EM PROFUNDIDADE. ILEGITIMIDADE ATIVA SUSCITADA EM DEFESA E AFASTADA PELO JUÍZO DE PRIMEIRO GRAU.

> IMPROCEDÊNCIA DOS PEDIDOS INICIAIS. AUSÊNCIA DE RECURSO ADESIVO. RENOVAÇÃO EM CONTRARRAZÕES. VIGÊNCIA DO CÓDIGO DE PROCESSO CIVIL DE 1973. ABRANGÊNCIA.
>
> ... A ratio decidendi desse precedente deve incidir no caso em análise, porque as questões jurídicas são muito semelhantes, razão pela qual deve ser adotado o mesmo entendimento, por força do artigo 926 do CPC/2015, mantendo a integridade e a coerência da jurisprudência desta Corte. Com efeito, se este Tribunal decidiu que, em hipótese idêntica à dos autos, pode o Regional analisar a prescrição arguida em defesa e rejeitada na sentença sem recurso próprio, com mais razão se aplica o mesmo entendimento quando se tratar de matéria preliminar ao mérito, tendo em vista a natureza jurídico-processual muito próxima dos institutos. Tendo sido a decisão regional mantida na íntegra pela Turma, não se constata a necessidade de determinar o retorno dos autos ao Regional para julgar a preliminar de ilegitimidade ativa do Ministério Público do Trabalho para ajuizar esta ação civil pública, uma vez que a matéria, além de ser eminentemente jurídica, já se encontra pacificada nesta Corte. Recurso de embargos conhecido e desprovido"
>
> (E-RR - 210120-61.2012.5.21.0011. Julgamento: 04/11/2021. Ministro Redator Designado JOSÉ ROBERTO FREIRE PIMENTA)

Levando em conta referida necessidade de coerência externa determinada pelo artigo 926, do CPC, podemos concluir que se trata de precedente vinculante fora das hipóteses do artigo 927, do CPC. O precedente proferido pelo próprio órgão prolator da decisão seguinte é de observância obrigatória, sob pena de incoerência externa vedada pelo sistema de precedentes.

O mesmo órgão julgador até pode superar o fundamento jurídico de seus próprios precedentes, mas para tanto deve contar com justificativa pautada na alteração dos fatos determinantes e/ou do direito aplicados, sob pena de violar o artigo 926, do CPC, que como visto determina a necessidade de estabilidade dos provimentos jurisdicionais.

A integridade exige que a decisão judicial esteja de acordo com o ordenamento jurídico pátrio. Não pode ser considerada íntegra decisão que, por exemplo, não observa direitos fundamentais, ou seja, é inconstitucional. Também não observa o dever de integridade julgado que afronta normas infraconstitucionais ou precedentes judiciais vinculantes e/ ou indicados pela parte, salvo se demonstrada sua revogação/superação/inconstitucionalidade.

Existe aqui íntima relação com a efetividade da jurisdição, já que não se pode pensar em tutela jurisdicional efetiva quando não aplicadas as normas inerentes ao caso submetido ao poder judiciário.

2.8. SUPERAÇÃO/*OVERRULING* ATRAVÉS DE CONTROLE DIFUSO DE CONSTITUCIONALIDADE

A superação do precedente com força obrigatória pelo próprio órgão prolator não gera maiores dificuldades. Maior complexidade surge ao pensarmos na superação por órgão que não foi responsável pela sua criação.

A superação só seria possível pelo órgão prolator do precedente? Sendo positiva a resposta, o cidadão não ficaria em uma posição de fragilidade?

No nosso pensar haverá prejuízo aos cidadãos caso se exija que a superação possa ser levada a efeito apenas pelo órgão prolator, isso porque, por exemplo, se um juiz de primeiro grau julgar com base em precedente do STJ inconstitucional que deva ser superado, mas que não conte ainda com decisão do mesmo STJ neste sentido, tecnicamente ficaria a parte processual impossibilitada de recorrer ao tribunal de justiça ou ao tribunal regional federal, uma vez que esses também não poderiam superar o precedente do STJ. Restaria ao jurisdicionado tão somente buscar a revogação do precedente através de pedido à comissão do STJ, contudo, isso não impediria o trânsito em julgado da decisão de primeiro grau proferida no processo em curso.

Pensando em solucionar este impasse, veja-se que se a observância do entendimento do precedente é obrigatória, este tem força de lei com efeitos *erga omnes* e se é assim sobre ele cabe controle difuso de constitucionalidade, o que permite a conclusão de que é possível a superação por órgão diverso do responsável pela criação do precedente.

Assim defende o ilustre professor e renomado jurista Nelson Nery Junior em palestra ministrada em simpósio sobre o CPC de 2015, bem como NERY JUNIOR 2018:

> 6. Juízes e tribunais não observarão. O CPC 927 confere aos preceitos arrolados nos incisos III a V natureza de norma geral, de lei, equiparando-os, nos efeitos, à súmula vinculante do STF, este sim com natureza jurídica de norma geral, na forma da CF 103-A. Como os preceitos enumerados no CPC 927 III a V – jurisprudência como lei – são inconstitucionais, juízes e tribunais podem fazer o controle concreto da constitucionalidade desses preceitos. O juiz de primeiro grau pode, sozinho, fazer o controle concreto da constitucionalidade de lei ou ato normativo, contestado em face da Constituição. Entendendo pela inconstitucionalidade, pode deixar de observar o preceito inconstitucional e afastar sua incidência no caso concreto. Nos tribunais é possível fazer o controle da constitucionalidade, observada a reserva de plenário (CF 97 e STF-V 10). Reconhecida a inconstitucionalidade, o tribunal afasta a incidência do preceito enunciado no CPC 927 III a V para julgar a causa por outros fundamentos. No mesmo sentido, afirmando a inconstitucionalidade do CPC

> 927 III, IV e V, 1.º FNPT 53: NCPC, art. 927, incisos III a V. Decisão vinculativa. Inconstitucionalidade. Os incisos III, IV e V do art. 927 do NCPC são inconstitucionais, pois somente a Constituição da República Federativa do Brasil pode autorizar um Tribunal a adotar súmula ou construção jurisprudencial vinculativa dos outros órgãos integrantes do Poder Judiciário brasileiro, ou normas de caráter impositivo, genéricas e abstratas.

Também a doutrina norte-americana segue no mesmo sentido, conforme artigo *Stare Decicis*, de Edward D. Re, Professor na Faculdade de Direito da St. John's University – New York e Juiz Presidente Emérito da Corte de Comércio Internacional do E.U.A., em tradução de Ellen Gracie Northfleet:

> Uma acurada descrição da doutrina do stare decisis deverá conter uma declaração das limitações postas à sua aplicabilidade.
>
> Algumas definições adiantadas por aqueles que estudaram a doutrina em profundidade podem ser úteis. Por exemplo, Henry Campbell Black, em seu Law of Judicial Precedent afirmou:
>
> "Uma decisão não faz autoridade em relação a quaisquer questões de direito que não tenham sido suscitadas ou apresentadas perante a Corte e que não tenham sido levadas em consideração e decididas por ela, ainda que estivessem logicamente presentes no caso e possam ter sido abordadas, ainda quando tais questões conduzissem a uma decisão diversa da que foi proferida, se houvessem sido apreciadas pela Corte."
>
> Black salienta assim a importância das questões apresentadas no caso anterior. Teriam essas questões sido suscitadas, consideradas e decididas? Se não foram, embora pudessem ter sido, a decisão anterior não é um precedente vinculativo.

3

DICAS

<u>**Dica 1:**</u> Para otimizar a efetividade da execução de quantia certa pertinente diligenciar por **pesquisa de patrimônio do devedor logo após a distribuição da ação**, antes da citação, e uma vez encontrados bens penhoráveis providenciar **registro de certidão sobre a existência da ação ou indisponibilidade**, "bloqueando" a alienação para terceiros – item 4 do manual.

<u>**Dica 2:**</u> Caso o executado não seja encontrado para citação é cabível o **arresto *online* de bens e pesquisa de endereço** através dos meios à disposição exclusiva do judiciário – item 5 do manual.

<u>**Dica 3:**</u> Sendo o executado localizado uma vez, demais intimações remetidas para o **mesmo endereço serão consideradas válidas** – item 5 do manual.

<u>**Dica 4:**</u> Na hipótese de citação por edital a **publicação deve ocorrer na internet**, não sendo necessária, geralmente, publicação em jornal local com os altos custos daí inerentes – item 6 do manual.

<u>**Dica 5:**</u> Comprovado o falecimento da parte executada uma das 3 hipóteses de prosseguimento do feito se dá através da **citação do espólio representado pelo administrador provisório** – item 7 do manual.

Dica 6: **Óbito de mutuário de crédito consignado** não gera a quitação da dívida – item 7 do manual.

Dica 7: Nem sempre **óbito de mutuário de crédito FIES** gera a quitação da dívida – item 7 do manual.

Dica 8: No momento da penhora de bens de empresa executada oficial de justiça deve considerar a liquidez daqueles para optar pela **penhora do faturamento** – item 8 do manual.

Dica 9: É cabível a **penhora de rendimentos (lucros ou dividendos)** referentes a cotas sociais de empresa não executada – item 8 do manual.

Dica 10: Financiamento de materiais utilizados para construção ou reforma do imóvel permite a **penhora de bem de família** – item 9 do manual.

Dica 11: Crédito consignado permite a **penhora de salário** – item 10 do manual.

Dica 12: Utilização do **BACENJUD, RENAJUD e INFOJUD** independe da prévia pesquisa extrajudicial de bens – item 11 do manual.

Dica 13: Declaração de Operações Imobiliárias – **INFOJUD DOI** tem potencial para identificação de fraudes, podendo ajudar na efetividade da jurisdição – item 11 do manual.

Dica 14: Embargos de terceiro pode gerar condenação em **honorários sucumbenciais da própria embargante** a depender da causalidade do caso concreto – item 11 do manual.

Dica 15: Após 1 ano da realização anterior é cabível a **renovação das pesquisas através do BACENJUD, RENAJUD e INFOJUD**, independente de indícios de alteração patrimonial – item 11 do manual.

Dica 16: Alienação gratuita ou por preço vil caracteriza **má-fé do terceiro adquirente** como requisito da fraude à execução e da fraude contra credores – item 12 do manual.

Dica 17: Precatórios/RPV e ações ajuizadas pelo devedor permitem a **penhora do proveito econômico** – item 13 do manual.

Dica 18: Devedor fiduciante pode cometer **crime de estelionato** ao descumprir o encargo de depositário do bem móvel alienado fiduciariamente – item 14 do manual.

Dica 19: É cabível a penhora e alienação judicial dos **direitos de devedor fiduciante** – item 15 do manual.

Dica 20: **Box de garagem vinculado a bem de família** admite penhora de forma isolada – item 16 do manual.

Dica 21: **Imóvel** pode ser **alienado integralmente** ainda que com penhora apenas de fração ideal – item 17 do manual.

Dica 22: Bem de família admite penhora de **fração ideal desvinculada da moradia** – item 18 do manual.

Dica 23: **Efeito suspensivo dos embargos à execução** exige cumprimento dos requisitos da tutela provisória além da garantia da execução – item 19 do manual.

Dica 24: Ação revisional não suspende automaticamente **prosseguimento de ação de recuperação de crédito** – item 19 do manual.

Dica 25: Recuperação judicial e falência não impede a **cobrança da dívida em face de codevedores** – item 19 do manual.

Dica 26: Encargos contratuais são devidos mesmo após a citação – item 20 do manual.

4

EFETIVIDADE EXECUÇÃO DE QUANTIA CERTA – DILIGÊNCIAS BENS PENHORÁVEIS – REGISTRO CERTIDÃO BLOQUEIO ALIENAÇÃO – ARTIGO 828, CPC

O que pode ajudar no dia a dia para condução dos processos?

A elaboração de um resumo dos autos em referência da petição a ser protocolada para andamento do feito e em análise de autos a ser arquivada em banco de dados interno facilita e muito as manifestações posteriores e melhor atende os interesses do cliente da ação executiva. Evita reiterações de questões já resolvidas nos autos, como novas diligências em endereços já diligenciados sem fundamento; pedido de penhora de bens já penhorados e não localizados pelo oficial de justiça; reiteração de pedido já indeferido com trânsito em julgado; etc.

Por exemplo: 1 – no evento/fls./id ... certidão oficial de justiça traz ...; 2 – no evento/fls./id ...BANCENJUD negativo; no evento/fls./id ... RENAJUD traz os seguintes veículos ...; no evento/fls./id ... certidão do oficial de justiça com localização dos seguintes veículos; no evento/fls./id ... INFOJUD DOI e DITR negativos; no evento/fls./id ... INFOJUD DIRPF traz cotas sociais da empresa tal, crédito em face do terceiro fulano; no evento/fls./id ... pesquisa de ações com crédito a receber no TJ encontrou os processos ...; no evento/fls./id ... pesquisa negativa no CRI de tal Município e no DETRAN de tal Estado; diante deste contexto foram tomadas as seguintes medidas (evento/fls./id) com os seguintes resultados (evento/fls./id); restam pendentes, portanto, as seguintes diligências: ...; etc.

Outro exemplo: 1 – endereços com tentativas frustradas de localização do réu/executado: ...; 2 – endereços localizados nos autos: BACENJUD ..., INFOJUD ..., SIEL...; 3 – endereços ainda não diligenciados: ...

Reunião de demandas contra o mesmo mutuário:

Visando evitar diligências em duplicidade e retrabalho desnecessário, uma vez identificadas várias demandas contra o mesmo mutuário, com fundamento no direito fundamental à economia e celeridade processual, bem como para evitar decisões conflitantes, pertinente peticionar para a reunião dos processos a fim de se utilizar de informações comuns sobre endereços, bens penhoráveis entre outros.

Neste sentido, conforme determina o artigo 85, § 13º, do CPC[1], nos embargos à execução (ação autônoma) convertidos em cumprimento de sentença sem pagamento pela parte executada temos previsão expressa para que os valores sejam acrescidos aos valores da execução para todos os fins.

1. Art. 85. A sentença condenará o vencido a pagar honorários ao advogado do vencedor.
§ 13. As verbas de sucumbência arbitradas em embargos à execução rejeitados ou julgados improcedentes e em fase de cumprimento de sentença serão acrescidas no valor do débito principal, para todos os efeitos legais.

O que fazer para contornar o problema da baixa efetividade da execução de quantia?

Sendo notório o fato de que após tomar conhecimento da demanda judicial de cobrança a maioria dos devedores se desfaz de seu patrimônio, em especial aqueles que não pretendem resolver a pendência, torna-se indispensável a obtenção de pesquisa de bens logo após a distribuição da demanda, antes da citação.

Neste sentido, vide em referência trecho esclarecedor de texto extrato da palestra proferida em 18.06.15 no II Congresso de Direito Processual Civil de Campo Grande – MS pelo jurista Marcelo Abelha Rodrigues, publicado terça-feira, 4 de outubro de 2016 (extraído do site migalhas - http://www.migalhas.com.br/dePeso/16,MI246666,81042-O+momento+de+realizacao+da+penhora+online+dos+ativos+financeiros+do)[2].

---

2. ...

A pergunta é a seguinte: o que vocês acreditam que irá fazer o executado que já sabe, que já tem consciência que, uma vez intimado/citado, não irá cumprir voluntariamente a obrigação contida no título judicial ou extrajudicial? [no prazo de 15 dias previsto no caput artigo 523 ou no prazo de 3 dias previsto no caput do artigo 829, respectivamente].

O que ele vai fazer neste prazo se ele tiver dinheiro em conta ou ativos financeiros que possam ser penhorados após [tão logo ou desde logo como dizem os dispositivos] o fim deste prazo?

Alguém acha que ele não vai zerar a sua conta?

Vou repetir a pergunta: admitindo que ele não pague a dívida voluntariamente no referido prazo, quem acha que ele vai deixar algum dinheiro ou ativos financeiros em seu nome em contas bancárias para que sejam penhorados em seguida que levante uma das mãos!

Pois é....a resposta foi dada por vocês. Ninguém acredita neste auditório com mais de 600 pessoas que o executado que inadimpliu no prazo irá deixar a sua conta intacta, sem retirar todo dinheiro que lá se encontra [se já não tiver feito isso antes da própria execução].

Todos aqui, e certamente todos do Brasil, porque quando falo sobre isso pelo país todo respondem a mesma coisa, sabem que uma vez citado ou intimado para pagar voluntariamente no prazo dos artigos 829 e 523, que o devedor que não paga neste prazo, **na verdade dele se utiliza para zerar**

Como podemos fazer estas pesquisas na prática?

- Cartórios de Registros de Imóveis do município de residência do mutuário (SP ARISP todo Estado - http://www.arisp.com.br/);
- Outros Cartórios de Registros de Imóveis fora do município residência com potencial existência de bens imóveis em nome desse;
- Departamento de trânsito do estado da residência do mutuário;
- Departamento de trânsito de outro estado com potencial existência de veículos em nome do mutuário.

O que mais pode ser feito na busca de efetividade da recuperação?

Entrar em contato com o cliente buscando informações sobre o devedor, na medida em que aquele sabe como mais ninguém qual a situação econômica do executado, se possui patrimônio, se está se desfazendo deste, se existem dívidas com outros credores, etc, principalmente, em municípios pequenos.

A sinergia entre o cliente e o advogado incrementa a execução de quantia, gerando benefícios para sua efetividade.

---

suas contas, tornando um fracasso total a posterior penhora *on line* dos ativos financeiros.

Sim, porque se a apreensão e o depósito da quantia ou dos ativos financeiros do executado só puder ser feita após este prazo como é na regra geral do CPC, que fala em *seguir a realização da penhora tão logo ou desde logo se verifique o inadimplemento voluntário neste prazo*, então, minhas senhoras, se, meus senhores, é certo que o resultado da penhora *on line* de ativos financeiros será absolutamente inócuo, ineficaz, infrutífero. Todos nós sabemos disso e seria uma hipocrisia jurídica negar tal fato.

...

O que fazer se localizados bens penhoráveis?

Providenciar o imediato registro da certidão do artigo 828, do CPC em tantos bens penhoráveis quantos forem suficientes para garantia da execução. Nos juízos onde a expedição da certidão em apreço não seja automática, sugere-se contato institucional com a diretoria do foro e pedido na petição inicial de execução.

Qual é consequência/benefício do registro?

O registro funciona como um bloqueio para alienação do patrimônio, uma vez que contamos com o artigo 792, II c/c o artigo 828, § 2º, ambos do CPC[3], ou seja, a alienação após o registro gera uma presunção absoluta de fraude à execução.

Neste sentido, precedente vinculante do STJ (sob o rito dos recursos repetitivos - artigo 1.036, do CPC):

> PROCESSO CIVIL. RECURSO REPETITIVO. ART. 543-C DO CPC. FRAUDE DE EXECUÇÃO. EMBARGOS DE TERCEIRO. SÚMULA N. 375/STJ. CITAÇÃO VÁLIDA. NECESSIDADE. CIÊNCIA DE DEMANDA CAPAZ DE LEVAR O ALIENANTE À INSOLVÊNCIA. PROVA. ÔNUS DO CREDOR. REGISTRO DA PENHORA. ART. 659, § 4º, DO CPC. **PRESUNÇÃO DE** FRAUDE. **ART. 615**-A, **§ 3º, DO CPC.**
>
> 1. Para fins do art. 543-c do CPC, firma-se a seguinte orientação:

3. Art. 792. A alienação ou a oneração de bem é considerada fraude à execução: II - quando tiver sido averbada, no registro do bem, a pendência do processo de execução, na forma do art. 828; Art. 828. O exequente poderá obter certidão de que a execução foi admitida pelo juiz, com identificação das partes e do valor da causa, para fins de averbação no registro de imóveis, de veículos ou de outros bens sujeitos a penhora, arresto ou indisponibilidade. § 4o Presume-se em fraude à execução a alienação ou a oneração de bens efetuada após a averbação.

1.1. É indispensável citação válida para configuração da fraude de execução, ressalvada a hipótese prevista no § 3º do art. 615-A do CPC.

1.2. O reconhecimento da fraude de execução depende do registro da penhora do bem alienado ou da prova de má-fé do terceiro adquirente (Súmula n. 375/STJ).

1.3. A presunção de boa-fé é princípio geral de direito universalmente aceito, sendo milenar a parêmia: a boa-fé se presume; a má-fé se prova.

1.4. Inexistindo registro da penhora na matrícula do imóvel, é do credor o ônus da prova de que o terceiro adquirente tinha conhecimento de demanda capaz de levar o alienante à insolvência, sob pena de tornar-se letra morta o disposto no art. 659, § 4º, do CPC.

1.5. Conforme previsto no § 3º do art. 615-A **do CPC, presume-se em** fraude **de** execução a **alienação ou oneração de bens realizada após** a **averbação referida no dispositivo.**

2. Para a solução do caso concreto:

2.1. Aplicação da tese firmada.

2.2. Recurso especial provido para se anular o acórdão recorrido e a sentença e, consequentemente, determinar o prosseguimento do processo para a realização da instrução processual na forma requerida pelos recorrentes.

(REsp 956943 / PR, CE - CORTE ESPECIAL, DJe 01/12/2014) (grifos nossos)

Corroborando este entendimento, vide trecho do voto que prevaleceu para o item 1.5 da ementa do STJ acima transcrita:

"...

Na verdade, a lei tratou de dar plenas garantias ao credor diligente, assegurando-lhe **presunção absoluta** de conhecimento, por terceiros, da existência de ação em curso mediante a inscrição da penhora no registro público.

...

O mesmo raciocínio se aplica quando se tem presente a regra estabelecida no art. 615-A do CPC, com a redação dada pela Lei n. 11.382, de 6.12.2006 - *"o exequente poderá, no ato da distribuição, obter certidão comprobatória do ajuizamento da execução, com identificação das partes e valor da causa, para fins de averbação no registro de imóveis, registro de veículos ou registro de outros bens sujeitos à penhora ou arresto"* -, complementada pelo seu § 3º, que, peremptoriamente, afirma presumir-se fraude de execução a alienação ou oneração de bens efetuada após dita averbação.

..." (grifo nosso)

Quais são os requisitos para reconhecimento desta fraude?

O único requisito legal para reconhecimento da fraude neste caso é o registro da execução no prontuário do bem junto ao CRI/DETRAN ou outro órgão de registro previsto em lei, anterior à alienação ou à oneração do patrimônio pelo devedor. O artigo 792, II, do CPC, deixa isso claro.

Destaque-se que o CPC de 2015, diversamente do CPC anterior, traz previsão expressa (artigo 792, II) de fraude à execução em alienação após o registro da existência da execução no órgão de registro público responsável, nada dizendo sobre insolvência. Portanto, temos positivadas no artigo 792, do CPC, duas hipóteses distintas de fraude à execução, uma no inciso IV, que exige insolvência, e outra no inciso II, que não exige insolvência.

Qual a consequência da fraude à execução?

A consequência da fraude é a ineficácia do negócio jurídico em relação ao credor exequente prejudicado, conforme determina o artigo 792, § 1º, do CPC[4], restando ao terceiro estranho ao processo direito de regresso em face do alienante.

Ademais, uma vez reconhecida fraude contra a execução e, portanto, de ato atentatório à dignidade da justiça, nos termos do artigo 774, I, do Código Processual Civil, é pertinente a fixação da multa do mesmo artigo 774, agora em seu parágrafo único[5], bem como ofício ao Ministério Público para apuração do delito do artigo 179, do CP[6].

É devido o registro em qualquer bem encontrado?

Muito cuidado, conforme já indicado, devido o registro apenas nos bens penhoráveis e no limite da dívida exequenda. Necessário ressaltar que o registro indevido pode gerar

---

4. Art. 792. A alienação ou a oneração de bem é considerada fraude à execução: § 1º A alienação em fraude à execução é ineficaz em relação ao exequente.
5. Art. 774. Considera-se atentatória à dignidade da justiça a conduta comissiva ou omissiva do executado que:
I - frauda a execução; II - se opõe maliciosamente à execução, empregando ardis e meios artificiosos; III - dificulta ou embaraça a realização da penhora; IV - resiste injustificadamente às ordens judiciais; V - intimado, não indica ao juiz quais são e onde estão os bens sujeitos à penhora e os respectivos valores, nem exibe prova de sua propriedade e, se for o caso, certidão negativa de ônus. Parágrafo único. Nos casos previstos neste artigo, o juiz fixará multa em montante não superior a vinte por cento do valor atualizado do débito em execução, a qual será revertida em proveito do exequente, exigível nos próprios autos do processo, sem prejuízo de outras sanções de natureza processual ou material.
6. Art. 179 CP - Fraudar execução, alienando, desviando, destruindo ou danificando bens, ou simulando dívidas:
Pena - detenção, de seis meses a dois anos, ou multa.

condenação do credor que assim procedeu em indenização a favor da parte contrária (artigo 828, § 5º, do CPC[7]).

Após a efetivação do registro da execução, o credor dispõe de prazo de 10 dias para comunicar o juízo (artigo 828, § 1º, do CPC[8]), sob pena de levantamento do registro e potencial indenização por danos causados.

Com efeito, é importante que os bens encontrados sejam analisados com o devido cuidado (se única residência da parte executada – bem de família impenhorável; se pequena propriedade rural impenhorável; se é de propriedade das partes executadas; se por algum outro motivo é impenhorável; etc.) em cotejo com o valor da dívida (registrar apenas em tantos bens quantos forem suficientes para satisfação da dívida exequenda, considerando margem de erro de 30% em razão da potencial venda em leilão judicial por até 50% sem caracterizar preço vil).

Analisar ainda o custo benefício do registro (ex. não registrar em bem com valor de mercado muito baixo, como um veículo muito antigo sem valor entre colecionadores – também não registrar em veículos com registro de furto/roubo ainda não localizados).

Em casos de ação monitória ou ação de cobrança, existe algum registro possível?

Caso não seja possível o ajuizamento de execução judicial, os artigos 300 e 301, ambos do CPC, determinam que,

7. § 2º Formalizada penhora sobre bens suficientes para cobrir o valor da dívida, o exequente providenciará, no prazo de 10 (dez) dias, o cancelamento das averbações relativas àqueles não penhorados. § 5º O exequente que promover averbação manifestamente indevida ou não cancelar as averbações nos termos do § 2º indenizará a parte contrária, processando-se o incidente em autos apartados.
8. § 1º No prazo de 10 (dez) dias de sua concretização, o exequente deverá comunicar ao juízo as averbações efetivadas.

presentes os requisitos de risco ao resultado útil do processo e de probabilidade do direito, deve ser concedida tutela de urgência que pode se dar através de protesto contra alienação de bem[9].

Já os artigos 391 e 942, ambos do CC, 789, 797, 824, 799, III e 139, IV, todos do CPC, e 5º, XXXV e LXXXVIII, da Carta Fundamental[10], estabelecem que todos os bens do devedor respondem pelo inadimplemento de suas obrigações; bem

---

9. Art. 300. A tutela de urgência será concedida quando houver elementos que evidenciem a probabilidade do direito e o perigo de dano ou o risco ao resultado útil do processo. § 1º Para a concessão da tutela de urgência, o juiz pode, conforme o caso, exigir caução real ou fidejussória idônea para ressarcir os danos que a outra parte possa vir a sofrer, podendo a caução ser dispensada se a parte economicamente hipossuficiente não puder oferecê-la. § 2º A tutela de urgência pode ser concedida liminarmente ou após justificação prévia. § 3º A tutela de urgência de natureza antecipada não será concedida quando houver perigo de irreversibilidade dos efeitos da decisão. Art. 301. A tutela de urgência de natureza cautelar pode ser efetivada mediante arresto, sequestro, arrolamento de bens, **registro de protesto contra alienação de bem** e qualquer outra medida idônea para asseguração do direito.
10. CC: Art. 391. Pelo inadimplemento das obrigações respondem todos os bens do devedor. Art. 942. Os bens do responsável pela ofensa ou violação do direito de outrem ficam sujeitos à reparação do dano causado; e, se a ofensa tiver mais de um autor, todos responderão solidariamente pela reparação. CPC: Art. 789. O devedor responde com todos os seus bens presentes e futuros para o cumprimento de suas obrigações, salvo as restrições estabelecidas em lei. Art. 797. Ressalvado o caso de insolvência do devedor, em que tem lugar o concurso universal, realiza-se a execução no interesse do exequente que adquire, pela penhora, o direito de preferência sobre os bens penhorados. Art. 824. A execução por quantia certa realiza-se pela expropriação de bens do executado, ressalvadas as execuções especiais. Art. 139. O juiz dirigirá o processo conforme as disposições deste Código, incumbindo-lhe: IV - determinar todas as medidas indutivas, coercitivas, mandamentais ou sub-rogatórias necessárias para assegurar o cumprimento de ordem judicial, inclusive nas ações que tenham por objeto prestação pecuniária; CF: Art. 5º Todos são iguais perante a lei, sem distinção de qualquer natureza, garantindo-se aos brasileiros e aos estrangeiros residentes no País a inviolabilidade do direito à vida, à liberdade, à igualdade, à segurança e à propriedade, nos termos seguintes: XXXV - a lei não excluirá da apreciação do Poder Judiciário lesão ou ameaça a direito; LXXVIII a todos, no âmbito judicial e administrativo, são assegurados a

como que a execução segue no interesse do credor; que o juízo pode determinar medidas indutivas urgentes para assegurar o cumprimento da determinação judicial para pagamento; que é direito fundamental o acesso ao judiciário para afastar lesão de direito e; que o processo judicial deve ter duração razoável.

Existe risco ao resultado útil da demanda?

Nesse contexto, destaque-se que é notória a grande probabilidade de ausência de pagamento espontâneo após a citação/intimação em fases executivas/cumprimento de sentença de demandas judiciais (risco da demora).

Ressalte-se, também, que em potencial fase de expropriação judicial de bens da demanda, bem provavelmente o bem/direito encontrado não mais fará parte da propriedade da parte contrária, levando em conta a notória dificuldade de se encontrar bens penhoráveis em execuções judiciais, uma vez que após a citação a maioria dos devedores se desfaz de seu patrimônio (risco da demora).

Neste sentido, cite-se mais uma vez trecho esclarecedor de texto extrato da palestra proferida em 18.06.15 no II Congresso de Direito Processual Civil de Campo Grande – MS pelo jurista Marcelo Abelha Rodrigues, publicado terça-feira, 4 de outubro de 2016 (extraído do site migalhas - http://www.migalhas.com.br/dePeso/16,MI246666,81042-O+momento+de+realizacao+da+penhora+online+dos+ativos+financeiros+do).

Há comprovação da probabilidade do direito?

Além disso, frise-se que a ação monitória ou de cobrança geralmente se baseia em título escrito, firmado pelo

razoável duração do processo e os meios que garantam a celeridade de sua tramitação.

mutuário, extratos bancários, planilhas de evolução contratual, etc., o que demonstra a grande probabilidade de que os valores indicados na exordial sejam os efetivamente cobrados na potencial e provável fase de expropriação judicial de bens (fumaça do bom direito).

Na ação monitória isso fica ainda mais claro, uma vez que o juízo geralmente determina a citação para pagamento com base nos documentos apresentados, relatando que: *"evidente o direito do autor..."*, conforme determina o artigo 701, do CPC[11].

Ante o exposto, para preservar o resultado útil da demanda de cobrança, conforme determinam os artigos 391 e 942, ambos do CC, 300, 301, 789, 797, 824, 799, III e 139, IV, todos do CPC e 5º, XXXV e LXXXVIII, da Carta Fundamental, devida determinação judicial para registro de protesto contra alienação e/ou indisponibilidade do bem/direitos de propriedade da parte adversa até o limite da dívida objeto de cobrança.

Contamos com algum outro fundamento legal?

Outrossim, a Lei 13.097/2015, em seus artigos 54, IV, e 56, § 4º, determina o direito de averbação de ação cuja responsabilidade possa reduzir o devedor à insolvência em prontuários de bens/direitos de propriedade daquele (devedor), até o limite da dívida objeto de cobrança[12].

---

11. Art. 701. Sendo evidente o direito do autor, o juiz deferirá a expedição de mandado de pagamento, de entrega de coisa ou para execução de obrigação de fazer ou de não fazer, concedendo ao réu prazo de 15 (quinze) dias para o cumprimento e o pagamento de honorários advocatícios de cinco por cento do valor atribuído à causa.
12. Art. 54. Os negócios jurídicos que tenham por fim constituir, transferir ou modificar direitos reais sobre imóveis são eficazes em relação a atos jurídicos precedentes, nas hipóteses em que não tenham sido registradas ou averbadas na matrícula do imóvel as seguintes informações: IV - averbação, mediante decisão judicial, da existência de outro tipo de ação cujos

Além disso, existe interpretação possível no sentido de que sem o registro acima mencionado e sem a comprovação da má-fé do terceiro adquirente, não seria possível o reconhecimento de fraude contra a execução (súmula 375, do STJ; o próprio artigo 54, parágrafo único, da Lei 13.097 e; § 2º, do artigo 792, *a contrário sensu*).

Assim, havendo comprovação da insolvência do devedor (considerando o valor da ação e o valor patrimônio penhorável encontrado), caso indeferido o pedido de registro de indisponibilidade, devida, nos moldes dos artigos 54, IV, e 56, § 4º, da Lei 13.097/2015, determinação judicial para registro da existência da demanda judicial no prontuário do bem/direitos de propriedade da parte adversa encontrado/s até o limite da dívida objeto de cobrança.

Contudo, ressalte-se que tal registro depende de apreciação do magistrado, o que demanda um tempo, diversamente da certidão do artigo 828, do CPC, que tem expedição imediata pelo juízo após a admissão da execução, independente de determinação judicial[13].

resultados ou responsabilidade patrimonial possam reduzir seu proprietário à insolvência, nos termos do inciso II do art. 593 da Lei no 5.869, de 11 de janeiro de 1973 - Código de Processo Civil. Parágrafo único. Não poderão ser opostas situações jurídicas não constantes da matrícula no Registro de Imóveis, inclusive para fins de evicção, ao terceiro de boa-fé que adquirir ou receber em garantia direitos reais sobre o imóvel, ressalvados o disposto nos arts. 129 e 130 da Lei no 11.101, de 9 de fevereiro de 2005, e as hipóteses de aquisição e extinção da propriedade que independam de registro de título de imóvel. Art. 56. A averbação na matrícula do imóvel prevista no inciso IV do art. 54 será realizada por determinação judicial e conterá a identificação das partes, o valor da causa e o juízo para o qual a petição inicial foi distribuída. § 4º A averbação recairá preferencialmente sobre imóveis indicados pelo proprietário e se restringirá a quantos sejam suficientes para garantir a satisfação do direito objeto da ação.

13. Enunciado 130, do Fórum Permanente de Processualistas Civis – FPPC: (art. 152, V; art. 828) A obtenção da certidão prevista no art. 828 independe de decisão judicial.

5

LOCALIZAÇÃO DOS DEVEDORES – ARRESTO ONLINE

As pessoas físicas e jurídicas têm o dever de manter seus cadastros atualizados, seja na esfera pública, seja na privada, em razão do poder fiscalizatório da administração pública, do postulado constitucional da segurança jurídica (artigo 5º, *caput*, da Constituição Federal) e da boa-fé contratual (artigos 422, 187 e 113, do CC[1]), bem como em razão das normas previstas no artigo 70 e seguintes, do Código Civil.

Verificada a inobservância deste dever legal, existe previsão no CPC buscando trazer efetividade para a execução?

O descumprimento deste dever em sede de ação executiva sujeita os executados ao arresto de bens, previsto no artigo 830, do CPC.

Quais os requisitos do arresto? Depende da citação do devedor? Pode ser efetivado por intermédio dos sistemas BACENJUD e RENAJUD?

1. Código Civil: Art. 422. Os contratantes são obrigados a guardar, assim na conclusão do contrato, como em sua execução, os princípios de probidade e boa-fé. Art. 187. Também comete ato ilícito o titular de um direito que, ao exercê-lo, excede manifestamente os limites impostos pelo seu fim econômico ou social, pela boa-fé ou pelos bons costumes. Art. 113. Os negócios jurídicos devem ser interpretados conforme a boa-fé e os usos do lugar de sua celebração.

Vale consignar que o arresto executivo de que trata o art. 830, do CPC, também denominado pré-penhora, não se confunde com a penhora, tratando-se de medida prévia, visando garantir a futura penhora, que tem como único requisito a não localização do executado para citação.

O arresto executivo, assim, ao contrário da penhora independe de citação do devedor, até porque se houver citação não haverá arresto, realizando-se desde logo a penhora.

O arresto *on line*, em especial em relação à utilização do sistema BACENJUD, resta corroborado de forma uniformizada pelas Turmas de Direito Privado do Superior Tribunal de Justiça – STJ (4ª Turma, RESP 1.370.687/MG, DJE 15/08/2013 e 3ª Turma, RESP 1.338.032/SP, DJE 29/11/2013).

Vejamos notícias sobre os precedentes do STJ:

> DECISÃO
>
> **Quarta Turma permite arresto on-line antes da citação em execução de título extrajudicial**
>
> A Quarta Turma do Superior Tribunal de Justiça (STJ) decidiu, em julgamento inédito, que é possível realizar **arresto eletrônico de valores, antes da citação, quando o executado não for localizado pelo oficial de Justiça.**
>
> ...
>
> Alegando haver divergência jurisprudencial e ofensa aos artigos 653, 654 e 655-A do CPC, o banco recorreu ao STJ. A Quarta Turma, acompanhando o voto do relator, ministro Antonio Carlos Ferreira, reformou o entendimento do TJMG e declarou ser "**plenamente viável o arresto**".
>
> **Antes da citação**
>
> "A legislação prevê medidas judiciais constritivas passíveis de deferimento sem a prévia oitiva da parte

contrária. **O arresto executivo, também denominado de prévio ou pré-penhora, de que trata o artigo 653 do CPC, consubstancia a constrição de bens em nome do executado, quando não encontrado para citação", afirmou o ministro.**

O relator ressaltou que **essa modalidade de arresto tem o objetivo de garantir que a futura penhora seja concretizada. Tal medida não depende da citação do devedor, até porque, "se houver citação, não haverá o arresto, realizando-se desde logo a penhora".**

Segundo o ministro Antonio Carlos, o arresto executivo visa justamente "evitar que a tentativa frustrada de localização do devedor impeça o andamento regular da execução".

O relator explicou que, **na execução de título extrajudicial, o arresto de bens do devedor é cabível quando ele não é localizado. Contudo, após a realização da medida, o executado deverá ser citado: "Não ocorrendo o pagamento após a citação do executado, que inclusive poderá ser ficta, a medida constritiva será convertida em penhora. Trata-se de interpretação conjunta dos artigos 653 e 654 do CPC."**

Em outras palavras, **a citação é condição apenas para a conversão do arresto em penhora, e não para o deferimento do arresto executivo**, disse o ministro Antonio Carlos.

Bloqueio *on-line*

...

O ministro também lembrou que a Primeira Seção do STJ entende ser possível a realização de arresto por meio eletrônico no âmbito da execução fiscal, disciplinada pela Lei 6.830/80 (Lei de Execuções Fiscais).

Por semelhança, os ministros decidiram ser aplicável o arresto *on-line* (mediante bloqueio eletrônico de valores depositados em instituições bancárias) também nas execuções de títulos extrajudiciais reguladas pelo CPC, tendo em vista os "ideais de celeridade e efetividade na prestação jurisdicional". A Turma utilizou como fundamento o artigo 655-A do CPC, que trata da penhora *on-line*, aplicando-o, por analogia, ao arresto.

...

DECISÃO

Terceira Turma admite bloqueio on-line, antes da citação, contra devedor não localizado

A Terceira Turma do Superior Tribunal de Justiça (STJ) deu provimento a recurso especial do Banco Bradesco para admitir, antes da citação, o bloqueio eletrônico de valores em nome de devedores que não foram localizados.

Com essa decisão, unificou-se o entendimento sobre o tema nas duas Turmas de direito privado do STJ. Em abril de 2013, os ministros da Quarta Turma admitiram, pela primeira vez, a possibilidade de penhora on-line para localização e apreensão de valores existentes nas instituições financeiras em nome do executado, antes da citação, quando ele não for localizado (REsp 1.370.687). (grifo nosso)

No caso analisado pela Terceira Turma, o Bradesco moveu ação executória de título extrajudicial contra uma microempresa de materiais elétricos e hidráulicos. Contudo, os devedores não foram localizados pelo oficial de Justiça para a citação. Diante disso, a instituição financeira pediu em juízo a realização de arresto on-line, por meio do Bacen-Jud.

...

O ministro Sidnei Beneti, relator do recurso especial, adotou os mesmos fundamentos do precedente da

> Quarta Turma, segundo o qual, "nada impede a realização de arresto de valores depositados ou aplicados em instituições bancárias, nos termos do artigo 653 do Código de Processo Civil, pela via on-line, na hipótese de o executado não ser localizado para o ato da citação".
>
> A Terceira Turma determinou o retorno do processo ao juízo de primeiro grau para a reapreciação do pedido de arresto.

Precedentes ratificados em acórdão publicado em 21/06/2021, no RESP 1822034/SC, 3ª Turma[2], que deixa claro ainda que *"o único requisito para a concessão do arresto executivo é o devedor não ser encontrado"*[3].

O arresto traz alguma outra vantagem para o regular andamento do processo?

Sim, já que pode funcionar como uma forma de "coação" legal para que o devedor compareça espontaneamente aos autos, suprindo a falta de citação, nos termos do artigo 239, § 1º, do CPC[4].

Importante registrar que o comparecimento espontâneo apenas suprirá a falta de citação se a parte executada estiver representada por advogado constituído por procuração com poderes para recebimento de citação.

---

2. Arresto executivo on-line não exige esgotamento das tentativas de citação do devedor (stj.jus.br)
3. Trecho do voto da relatora Exma. Sra. Ministra NANCY ANDRIGHI que prevaleceu no julgamento do RESP 1822034/SC, 3ª Turma, DEJ 21/06/2021.
4. Art. 239. Para a validade do processo é indispensável a citação do réu ou do executado, ressalvadas as hipóteses de indeferimento da petição inicial ou de improcedência liminar do pedido. § 1o O comparecimento espontâneo do réu ou do executado supre a falta ou a nulidade da citação, fluindo a partir desta data o prazo para apresentação de contestação ou de embargos à execução.

Não havendo ingresso voluntário ou localização do devedor, o que fazer?

Não sendo localizado o devedor e não havendo seu comparecimento espontâneo, cabível que seja seu endereço atual pesquisado através do BACENJUD[5], INFOJUD, RENAJUD, SIEL (justiça eleitoral), PLENUS e CNIS (previdência social).

Na hipótese de não ser encontrado endereço diverso com as medidas acima, é pertinente ainda pedido judicial para que seja determinada a expedição de ofícios a órgãos de energia elétrica, de telefonia celular e de água com o objetivo de que informem o atual endereço constante em seus cadastros em nome da parte demandada, levando em conta que aqueles exigem ordem judicial para fornecer dados cadastrais de seus clientes em virtude do sigilo de dados.

Para tanto, devem ser indicados nos autos os endereços dos órgãos citados para viabilizar a remessa dos respectivos ofícios (ex.: RGE e CORSAN – empresas de energia e água de boa parte do Estado do Rio Grande do Sul, OI, Vivo, Claro, Tim).

Existe previsão no ordenamento jurídico para realização das pesquisas?

Destaque-se que a pesquisa de endereço através dos sistemas e ofícios em questão, exclusivamente a disposição do judiciário traz tempestividade (artigo 5º, LXXVIII, da CF[6])

5. Resolução do BACENJUD: ARTIGO 17 – O sistema BACENJUD 2.0 permitirá ao Poder Judiciário solicitar as seguintes informações: saldo consolidado, extrato de contas (corrente, poupança e investimento), de aplicações financeiras e de outros ativos (bloqueáveis e não bloqueáveis pelo sistema) e endereços das pessoas físicas e jurídicas a serem pesquisadas. A resposta a essas solicitações tem caráter meramente informativo.
6. LXXVIII - a todos, no âmbito judicial e administrativo, são assegurados a razoável duração do processo e os meios que garantam a celeridade de sua tramitação.

e eficiência ao processo (artigo 37, da CF[7]), além de contar com fundamento no postulado da cooperação processual (artigos 4º e 6º, ambos do CPC[8]).

Além disso, o próprio direito fundamental de acesso à jurisdição (artigo 5º, XXXV, da CF[9]) corrobora tais pesquisas. Caso contrário pergunta-se: por quais meios será possível a pesquisa extrajudicial de endereço da parte adversa?

Ressalte-se ainda que a própria previsão legal de citação por edital traz fundamento para a pesquisa de endereço nos meios a disposição apenas do Poder Judiciário em virtude do sigilo legal de dados (vide artigo 256, § 3º, do CPC[10]).

Existe alguma consequência caso não sejam realizadas as pesquisas a disposição do judiciário?

Frise-se que considerando o artigo 256, § 3º, do CPC, antes citado, caso não seja efetivada pesquisa pelo juízo nos moldes acima isso pode implicar em um posterior reconhecimento da nulidade de eventual citação por edital, como

7. Art. 37. A administração pública direta e indireta de qualquer dos Poderes da União, dos Estados, do Distrito Federal e dos Municípios obedecerá aos princípios de legalidade, impessoalidade, moralidade, publicidade e eficiência e, também, ao seguinte:
8. Art. 4º As partes têm o direito de obter em prazo razoável a solução integral do mérito, incluída a atividade satisfativa. Art. 6º Todos os sujeitos do processo devem cooperar entre si para que se obtenha, em tempo razoável, decisão de mérito justa e efetiva.
9. XXXV - a lei não excluirá da apreciação do Poder Judiciário lesão ou ameaça a direito;
10. Art. 256. A citação por edital será feita: II - quando ignorado, incerto ou inacessível o lugar em que se encontrar o citando; § 3o O réu será considerado em local ignorado ou incerto se infrutíferas as tentativas de sua localização, inclusive mediante requisição pelo juízo de informações sobre seu endereço nos cadastros de órgãos públicos ou de concessionárias de serviços públicos.

já reconhecido pelo STJ no RESP Nº 1.828.219/RO, 3ª Turma, julgado em 03/09/2019, transcrito pouco mais a frente.

Existe jurisprudência a respeito do tema?

Assim, tais pesquisas, além de evitar a nulidade de potencial citação por edital, privilegiam a citação/intimação pessoal e são corroboradas pelo artigo 256, § 3º, do CPC e por precedentes do **Superior Tribunal de Justiça – STJ**; do **Tribunal Regional Federal da 4ª Região – TRF4**, a exemplo do AI Nº 5017650-35.2014.404.0000/RS, julgado em 30 de julho de 2014; do AG nº 5027705-79.2013.404.0000, 4ª Turma, juntado aos autos em 23 de maio de 2014; do AG nº 5014275-94.2012.404.0000, 4ª Turma juntado aos autos em 19 de novembro de 2012; do AG nº 5012331-23.2013.404.0000, 3ª Turma, juntado aos autos em 26 de setembro de 2013; do AG nº 5009644-73.2013.404.0000, 3ª Turma, juntado aos autos em 12 de julho de 2013 e; do **Tribunal Regional Federal da 2ª Região – TRF2**, a exemplo do AG: 00065490420184020000, 8ª Turma especializada, data de Julgamento: 12/12/2019.

Vejamos os julgados do STJ:

> RECURSO ESPECIAL. PROCESSUAL CIVIL. CPC/15. AÇÃO MONITÓRIA. **CITAÇÃO POR EDITAL. NECESSIDADE DE ESGOTAMENTO DE TODOS OS MEIOS DE LOCALIZAÇÃO DO RÉU. PESQUISA DO ENDEREÇO NOS CADASTROS DE ÓRGÃOS PÚBLICOS OU DE CONCESSIONÁRIAS DE SERVIÇOS PÚBLICOS. ART. 256, § 3º, DO CPC. NULIDADE PROCESSUAL CARACTERIZADA.**
>
> ... 2. O novo regramento processual civil, além de reproduzir a norma inserta no art. 231, II, do CPC/73, estabeleceu que o réu será considerado em local ignorado ou incerto se infrutíferas as tentativas de sua localização, inclusive mediante requisição pelo juízo de informações acerca de seu endereço nos cadastros de órgãos públicos ou de concessionárias de serviços públicos. **2. No caso, o fundamento utilizado pelo**

> **acórdão recorrido de inexistir comando legal impondo ao autor o dever de provocar o juízo no sentido de expedir ofícios a órgãos ou prestadores de serviços públicos a fim de localizar o réu não subsiste ante a regra expressa inserta no § 3º, do art. 256, do CPC.** 3. RECURSO ESPECIAL PROVIDO PARA DECLARAR A NULIDADE DA CITAÇÃO POR EDITAL.
>
> (RESP Nº 1.828.219 – RO, 3ª Turma, julgado em 03/09/2019) (grifo nosso)
>
> "EXECUÇÃO. INFORMAÇÃO DO ENDEREÇO PELA RECEITA FEDERAL. POSSIBILIDADE. PRECEDENTES.
>
> 1. .... **Todavia, a restrição não merece existir se se trata, apenas, de pedido de endereço do devedor, não envolvendo sigilo fiscal, não sendo razoável impedir-se a providência, uma das medidas ao alcance do credor para satisfazer o seu crédito pela via judicial.**
>
> 2. Recurso especial conhecido e provido."
>
> (STJ, REsp 236704 / SP, 3ª Turma, Rel. Min. Carlos Alberto Menezes Direito, DJ 12/06/2000, LEXJTACSP vol. 197 p. 740, RSTJ vol. 135 p. 371) (grifo nosso)

Ademais, é posição consolidada do **STJ** – vide AgRg no REsp 1.522.840/SP, Relator Ministro Mauro Campbell Marques, DJe 10.06.2015 e REsp 1.347.222-RS, Rel. Min. Ricardo Villas Bôas Cueva, julgado em 25/8/2015, DJe 2/9/2015; do **TRF3**, a exemplo do AI 5000679-94.2017.4.03.0000, 2ª TURMA, julgado em 26/03/2019, do AI 00135732720164030000, 3ª TURMA, 18/01/2017 e do AI 00323864420124030000, 6ª TURMA, 08/11/2013 e; do **TRF4**, a exemplo do AI nº 0000681-98.2012.404.0000/RS, DE 05.03.2012 (em especial sobre RENAJUD), do AI nº 0005032-51.2011.404.0000, 3ª Turma, julgado em 21/06/2011; do AI nº 0024393-88.2010.404.0000, 3ª Turma, julgado em 14/06/2011; do AG 2009.04.00.030283-4, 2ª Turma, D.E. 04/11/2009 que a utilização dos sistemas informatizados a disposição do poder judiciário para pesquisa de bens, como BACENJUD, INFOJUD e RENAJUD, não dependem do prévio esgotamento das pesquisas a disposição da parte exequente, quanto mais a utilização dos sistemas para mera pesquisa de endereço.

O que significa o motivo de devolução de carta de citação pelo motivo "não procurado"? Qual o andamento processual?

Na citação pelo correio, cabível na execução desde a vigência do CPC de 2015 (artigo 247, do CPC[11]), o que é corroborado pelo Enunciado n.º 85, da I Jornada de Direito Processual Civil, realizada pelo Conselho da Justiça Federal nos dias 24 e 25 de agosto de 2017[12] e precedente emblemático do Tribunal de Justiça de São Paulo[13], aponte-se que o motivo "não procurado" em correspondência com aviso de recebimento – AR não significa que a pessoa não reside no local, mas sim, que houve tentativa de entrega de carta que só poderia ser recebida pelo destinatário (entrega apenas em mãos próprias); que este não estava; que foi deixada notificação para retirada da carta na respectiva agência dos

---

11. Art. 247. A citação será feita pelo correio para qualquer comarca do país, exceto: I - nas ações de estado, observado o disposto no art. 695, § 3º ; II - quando o citando for incapaz; III - quando o citando for pessoa de direito público; IV - quando o citando residir em local não atendido pela entrega domiciliar de correspondência; V - quando o autor, justificadamente, a requerer de outra forma.

12. Na execução de título extrajudicial ou judicial (art. 515, § 1º, do CPC) é cabível a citação postal.

13 "...Com o advento do novo CPC, vigente desde 18/3/16, não há mais a vedação de citação pelo correio em ação de execução de título extrajudicial. ... O relator do processo, desembargador Francisco Casconi explicou que o antigo CPC (art. 222, § 1º) vedava neste tipo de ação a citação postal, "sendo que, nos processos de execução a citação da parte adversa se consumava por mandado". Entretanto, no código de 2015 (art. 247), a proibição foi excluída..." - vide https://www.migalhas.com.br/quentes/240139/e-valida-citacao-pelo-correio-em-execucao-de-titulo-extrajudicial.

correios e; que o destinatário não foi procurar a carta na agência dentro do prazo estabelecido, motivando a devolução ao remetente pelo motivo "não procurado".

Com efeito, nestes casos devida a expedição de mandado para citação por oficial de justiça no mesmo endereço com retorno de AR pelo motivo "não procurado".

Quando o réu/executado tiver sido encontrado em determinado endereço e em nova diligência nesse mesmo logradouro não seja mais localizado, o que fazer?

No caso de réu já localizado em diligência realizada nos autos, uma vez não encontrado no mesmo endereço, deve ser considerado intimado, conforme preveem os artigos 5º, 80, IV, 77, V, 274, parágrafo único e 513, § 3º, todos do CPC[14].

---

14. Art. 5º Aquele que de qualquer forma participa do processo deve comportar-se de acordo com a boa-fé. Art. 80. Considera-se litigante de má-fé aquele que: IV - opuser resistência injustificada ao andamento do processo; Art. 77. Além de outros previstos neste Código, são deveres das partes, de seus procuradores e de todos aqueles que de qualquer forma participem do processo: V - declinar, no primeiro momento que lhes couber falar nos autos, o endereço residencial ou profissional onde receberão intimações, atualizando essa informação sempre que ocorrer qualquer modificação temporária ou definitiva; Art. 274. Não dispondo a lei de outro modo, as intimações serão feitas às partes, aos seus representantes legais, aos advogados e aos demais sujeitos do processo pelo correio ou, se presentes em cartório, diretamente pelo escrivão ou chefe de secretaria. Parágrafo único. Presumem-se válidas as intimações dirigidas ao endereço constante dos autos, ainda que não recebidas pessoalmente pelo interessado, se a modificação temporária ou definitiva não tiver sido devidamente comunicada ao juízo, fluindo os prazos a partir da juntada aos autos do comprovante de entrega da correspondência no primitivo endereço. Art. 513. O cumprimento da sentença será feito segundo as regras deste Título, observando-se, no que couber e conforme a natureza da obrigação, o disposto no Livro II da Parte Especial deste Código. § 2º O devedor será intimado para cumprir a sentença: II - por carta com aviso de recebimento, quando representado pela Defensoria Pública ou quando não tiver procurador constituído nos autos, ressalvada a hipótese do inciso IV; III - por meio eletrônico, quando, no caso do § 1º do art. 246, não tiver procurador constituído nos autos § 3º Na hipótese do § 2º, incisos II e III, considera-se realizada a intimação quando o devedor houver mudado de endereço sem prévia comunicação ao juízo, observado o disposto no parágrafo único do art. 274.

6

CITAÇÃO POR EDITAL

Caso depois de todas as diligências do item anterior o réu/executado não seja encontrado ou não se manifeste espontaneamente nos autos, temos a previsão legal da citação por edital.

O que diz o CPC sobre a publicação de edital de citação?

O Código de Processo Civil – CPC de 2015, diversamente do CPC anterior de 1973, determina que a publicação do edital de citação ocorrerá na rede mundial de computadores, no sítio do respectivo tribunal e na plataforma de editais do Conselho Nacional de Justiça – CNJ (resolução 234 Conselho Nacional de Justiça – CNJ, de 13 de julho de 2016), com a devida certificação nos autos (artigo 257, II, do CPC[1]).

Apenas em situações excepcionais devido a peculiaridades locais o juízo poderá determinar a necessidade de publicação do edital em jornal local de grande circulação.

1. Art. 257. São requisitos da citação por edital: II - a publicação do edital na rede mundial de computadores, no sítio do respectivo tribunal e na plataforma de editais do Conselho Nacional de Justiça, que deve ser certificada nos autos; Parágrafo único. O juiz poderá determinar que a publicação do edital seja feita também em jornal local de ampla circulação ou por outros meios, considerando as peculiaridades da comarca, da seção ou da subseção judiciárias.

Na prática, em qual situação podemos pensar na possibilidade de determinação judicial para publicação em jornal local com o custo daí inerente?

A única aplicação possível desta exceção se dá nos casos de juízos onde o Poder Público local não disponibiliza acesso gratuito à internet pelos jurisdicionados, sob pena de afronta ao princípio constitucional da tempestividade e economia processuais e direito fundamental do acesso à jurisdição (artigo 5º, respectivamente, LXXVIII e XXXV, da CF), postulados estes ressaltados em vários momentos na exposição de motivos do CPC de 2015[2].

Note-se que na exposição de motivos da norma fica claro que o CPC vigente visa afastar os altos custos dos processos, entre eles os custos desnecessários com a publicação de edital em jornal local.

---

2. Exposição de motivos do CPC de 2015: ... A coerência substancial há de ser vista como objetivo fundamental, todavia, e mantida em termos absolutos, no que tange à Constituição Federal da República. Afinal, é na lei ordinária e em outras normas de escalão inferior que se explicita a promessa de realização dos valores encampados pelos princípios constitucionais. O novo Código de Processo Civil tem o potencial de gerar um processo mais célere, mais justo[6] porque mais ŕente às necessidades sociais [7] e muito menos complexo [8]. A simplificação do sistema, além de proporcionar-lhe coesão mais visível, permite ao juiz centrar sua atenção, de modo mais intenso, no mérito da causa. Com evidente redução da complexidade inerente ao processo de criação de um novo Código de Processo Civil, poder-se-ia dizer que os trabalhos da Comissão se orientaram precipuamente por cinco objetivos: 1) estabelecer expressa e implicitamente verdadeira sintonia fina com a Constituição Federal; 2) criar condições para que o juiz possa proferir decisão de forma mais rente à realidade fática subjacente à causa; 3) simplificar, resolvendo problemas e reduzindo a complexidade de subsistemas, como, por exemplo, o recursal; 4) dar todo o rendimento possível a cada processo em si mesmo considerado; e, 5) finalmente, sendo talvez este último objetivo parcialmente alcançado pela realização daqueles mencionados antes, imprimir maior grau de organicidade ao sistema, dando-lhe, assim, mais coesão...[8] - Trata-se, portanto, de mais um passo decisivo para afastar os obstáculos para o acesso à Justiça, a que comumente se alude, isto é, a duração do processo, seu alto custo e a excessiva formalidade.

Portanto, devida oposição de embargos declaratórios invocando a Resolução 234 do CNJ caso juízo determine publicação por edital fora da hipótese legal.

Quantas publicações são exigidas pelo CPC?

Diversamente do CPC de 1973 hoje revogado, o CPC de 2015 vigente não exige mais de uma publicação do edital de citação. O inciso III, do artigo 257, estabelece uma faculdade para mais de uma publicação, fazendo menção à publicação única ou mais de uma[3].

3. III - a determinação, pelo juiz, do prazo, que variará entre 20 (vinte) e 60 (sessenta) dias, fluindo da data da publicação única ou, havendo mais de uma, da primeira;

7

ÓBITO MUTUÁRIO – ESPÓLIO REPRESENTADO ADMINISTRADOR PROVISÓRIO

Quais são as consequências processuais de falecimento do executado?

Comprovado que o mutuário é falecido (seja por certidão de óbito, seja por outro documento que goza de fé pública como certidão do DETRAN, certidão do TRE, etc.) existem basicamente 3 possibilidades no devido regular prosseguimento da ação judicial de cobrança:

> 1) Caso não exista inventário em curso ou compromisso prestado por inventariante, o feito deverá prosseguir em face do espólio representado pelo seu administrador provisório, conforme determinam o artigo 1.797, do CC c/c os artigos 613 e 614, ambos do CPC[1].

---

1. Art. 1.797. Até o compromisso do inventariante, a administração da herança caberá, sucessivamente: I - ao cônjuge ou companheiro, se com o outro convivia ao tempo da abertura da sucessão; II - ao herdeiro que estiver na posse e administração dos bens, e, se houver mais de um nessas condições, ao mais velho; III - ao testamenteiro;
IV - a pessoa de confiança do juiz, na falta ou escusa das indicadas nos incisos antecedentes, ou quando tiverem de ser afastadas por motivo grave levado ao conhecimento do juiz. Art. 613. Até que o inventariante preste o compromisso, continuará o espólio na posse do administrador provisório. Art. 614. O administrador provisório representa ativa e passivamente o espólio, é obrigado a trazer ao acervo os frutos que desde a abertura da

Neste sentido, julgados do Superior Tribunal de Justiça – STJ e do TRF4, a exemplo dos AI 5013120-22.2013.404.0000/RS, 4ª Turma, juntado aos autos em 18/07/2013 e AI 50408327920164040000/RS.

Vejamos os precedentes do STJ:

> "PROCESSO CIVIL. RECURSO ESPECIAL. AÇÃO DE EXECUÇÃO DE TÍTULO EXTRAJUDICIAL. ILEGITIMIDADE PASSIVA DO DE CUJUS. POSSIBILIDADE DE EMENDA À INICIAL ATÉ A CITAÇÃO. NEGATIVA DE PRESTAÇÃO JURISDICIONAL. INEXISTÊNCIA. AUSÊNCIA DE INVENTÁRIO DOS BENS DO FALECIDO. LEGITIMIDADE DO ESPÓLIO PARA FIGURAR COMO DEVEDOR EM AÇÃO DE EXECUÇÃO. **REPRESENTAÇÃO. ADMINISTRADOR PROVISÓRIO. POSSIBILIDADE**. 1. Até a citação, a parte autora pode emendar a inicial, com a correção do polo passivo, em razão de não ter ocorrido a estabilização do processo. Inteligência dos arts. 264 e 294 do CPC. 2. O Tribunal de origem, embora fundado em premissa equivocada, manifestou-se expressamente quanto à questão suscitada pelo recorrente, não havendo falar em negativa de prestação jurisdicional. 3. Pelo princípio da saisine, previsto no art. 1.784 do CC-02, a morte do de cujus implica a imediata transferência do seu patrimônio aos sucessores, como um todo unitário, que permanece em situação de indivisibilidade até a partilha. 4. Enquanto não realizada a partilha, o acervo hereditário - espólio - responde pelas dívidas do falecido (art. 597 do CPC) e, para tanto, a lei lhe confere capacidade para ser parte (art. 12, V, do CPC). 5. Acerca da capacidade para estar em juízo, de acordo com o art. 12, V, do CPC, o espólio é representado, ativa e passivamente, pelo inventariante. No entanto, **até que o inventariante preste o devido compromisso, tal representação far-se-á pelo administrador**

---

sucessão percebeu, tem direito ao reembolso das despesas necessárias e úteis que fez e responde pelo dano a que, por dolo ou culpa, der causa.

provisório, consoante determinam os arts. 985 e 986 do CPC. 6. O espólio tem legitimidade para figurar no polo passivo de ação de execução, que poderia ser ajuizada em face do autor da herança, acaso estivesse vivo, e será representado pelo administrador provisório da herança, na hipótese de não haver inventariante compromissado. 7. Recurso especial conhecido e provido."

(STJ - REsp: 1386220 PB 2013/0161234-3, Relator: Ministra NANCY ANDRIGHI, Data de Julgamento: 03/09/2013, 3ª TURMA, Data de Publicação: DJe 12/09/2013) (grifo nosso)

PROCESSUAL CIVIL. EXECUÇÃO. EXECUTADO FALECIDO. PENHORA DE IMÓVEL INTEGRANTE DO ESPÓLIO. EMBARGOS DE TERCEIRO OPOSTOS PELOS **HERDEIROS ANTES DE ULTIMADA A PARTILHA. AUSÊNCIA DE LEGITIMIDADE ATIVA.**

1- Embargos de terceiro opostos em 25/5/2006. Recurso especial interposto em 26/1/2012 e atribuição ao Gabinete em 25/8/2016.

2- Cinge-se a controvérsia discutir a possibilidade do herdeiro do devedor-falecido opor embargos de terceiro em face da execução por quantia certa, cuja constrição recaiu sobre um bem integrante do acervo hereditário.

3- Enquanto não realizada a partilha, a herança permanece em um todo unitário e será representada pelo inventariante, nos termos do art. 12, V, do CPC/73.

4- Será o espólio o legitimado para impugnar todos os atos processuais praticados na execução a partir do momento que ingressa nos autos.

5- Enquanto estiver em tramitação o inventário e os bens permanecerem na forma indivisa, o herdeiro não detém legitimidade para defender, de forma individual, os bens que compõem o acervo hereditário,

sendo essa legitimidade exclusiva do espólio devidamente representado.

6- Recurso especial parcialmente conhecido e, nessa parte, não provido.

(STJ, REsp 1622544 / PE, 3ª Turma, Relatora Ministra NANCY ANDRIGHI, DJe 04/10/2016) (grifos nossos)

EMENTA: PROCESSO CIVIL. MORTE DE UMA DAS PARTES. SUBSTITUIÇÃO PROCESSUAL. ESPÓLIO. **REPRESENTAÇÃO PELO ADMINISTRADOR PROVISÓRIO. POSSIBILIDADE.** INEXISTÊNCIA DE INVENTARIANTE. SUSPENSÃO DO FEITO. DESNECESSIDADE. NULIDADE PROCESSUAL. INOCORRÊNCIA. RECURSO PARCIALMENTE PROVIDO.

1. Não há a configuração de negativa de prestação jurisdicional nos embargos de declaração, se o Tribunal de origem enfrenta a matéria posta em debate na medida necessária para o deslinde da controvérsia, ainda que sucintamente. A motivação contrária ao interesse da parte não se traduz em maltrato ao art. 535 do CPC.

2. De acordo com os arts. 985 e 986 do CPC**, enquanto não nomeado inventariante e prestado compromisso, a representação ativa e passiva do espólio caberá ao administrador provisório**, o qual, comumente, é o cônjuge sobrevivente, visto que detém a posse direta e a administração dos bens hereditários (art. 1.579 do CC/1916, derrogado pelo art. 990, I a IV, do CPC; art. 1.797 do CC/2002).

3. Apesar de a herança ser transmitida ao tempo da morte do de cujus (princípio da saisine), os herdeiros ficarão apenas com a posse indireta dos bens, pois a administração da massa hereditária restará, inicialmente, a cargo do administrador provisório, que representará o espólio judicial e extrajudicialmente, até ser aberto o inventário, com a nomeação do inventariante, a quem incumbirá representar definitivamente o espólio (art. 12, V, do CPC).

> 4. Não há falar em nulidade processual ou em suspensão do feito por morte de uma das partes se a substituição processual do falecido se fez devidamente pelo respectivo espólio (art. 43 do CPC), o qual foi representado pela viúva meeira na condição de administradora provisória, sendo ela intimada pessoalmente das praças do imóvel.
>
> 5. Recurso especial parcialmente provido.
>
> (REsp 777.566/RS, Rel. Ministro VASCO DELLA GIUSTINA (DESEMBARGADOR CONVOCADO DO TJ/RS), 3ª TURMA, julgado em 27/04/2010, DJe 13/05/2010) (grifos nossos)

2) Na hipótese de existir inventário em curso, com compromisso prestado por inventariante nomeado, o processo deverá prosseguir em face do espólio representado pelo inventariante.

No caso de inventário em curso como proceder na prática?

a) Peticionar para que no polo passivo passe a constar o espólio do falecido, representado pelo inventariante (qualificá-lo no pedido), caso prestado compromisso ou administrador provisório, bem como que o juízo determine a reserva do crédito no inventário (juntar demonstrativo atualizado da dívida);

b) Peticionar no inventário informando a existência da ação judicial de cobrança e pedir a reserva do crédito exequendo;

c) Buscar cópias do inventário para identificação de bens penhoráveis do espólio e pedir a penhora na execução, conforme precedente do STJ no RESP 1.318.506:

> RECURSO ESPECIAL. 1. AÇÃO DE EXECUÇÃO. DÍVIDA CONTRAÍDA PELO AUTOR DA HERANÇA. **PENHORA**

> **DIRETAMENTE SOBRE BENS DO ESPÓLIO. POSSIBILIDADE.**
>
> 1. Decorre do art. 597 do CPC que o espólio responde pelas dívidas do falecido, determinação também contida no art. 1.997 do CC, sendo induvidoso, portanto, que o patrimônio deixado pelo *de cujus* suportará esse encargo até o momento em que for realizada a partilha, quando então cada herdeiro responderá dentro das forças do que vier a receber. Em se tratando de dívida que foi contraída pessoalmente pelo autor da herança, **pode a penhora ocorrer diretamente sobre os bens do espólio** e não no rosto dos autos, na forma do que dispõe o art. 674 do CPC, o qual só terá aplicação na hipótese em que o devedor for um dos herdeiros.
>
> 2. Recurso especial provido.
>
> (STJ - RECURSO ESPECIAL Nº 1.318.506 - RS (2012/0072647-7); Relator Ministro MARCO AURÉLIO BELLIZZE; 3ª TURMA, julgamento 18.11.2014, votação unânime, DJe 24.11.2014) (grifos nossos)
>
> 3) Apenas nos casos de inventário findo com bens partilhados, a demanda deverá prosseguir em face dos sucessores no limite da herança que receberam, conforme determinam os artigos 1.792 e 1.997, ambos do CC[2].

Na prática, como buscar a certidão de óbito, caso determinado pelo juízo e não conste nos autos?

Identificado município do registro de falecimento, a certidão de óbito deve ser buscada junto ao Cartório de

2. Art. 1.792. O herdeiro não responde por encargos superiores às forças da herança; incumbe-lhe, porém, a prova do excesso, salvo se houver inventário que a escuse, demostrando o valor dos bens herdados. Art. 1.997. A herança responde pelo pagamento das dívidas do falecido; mas, feita a partilha, só respondem os herdeiros, cada qual em proporção da parte que na herança lhe coube.

Registro Civil daquele. Caso não seja localizada a informação do município de registro do óbito, sugere-se a utilização do site https://www.falecidosnobrasil.org.br/?pgs_path=main/solicitacao&tipo=certidao .

Como são feitas as pesquisas de inventário, sucessores e bens do falecido?

Aqui vale destacar que caso seja encontrado inventário judicial ou extrajudicial, este, bem provavelmente, conterá certidão de óbito; os dados de todos os sucessores e; relacionará os bens do mutuário falecido.

Lembrando que hoje é possível inventário extrajudicial e judicial. Assim, devida a seguinte pesquisa:

1) acessar o *link* http://www.censec.org.br e pesquisar a existência de inventário extrajudicial envolvendo o nome e/ou CPF do mutuário falecido;

2) entrar no site do TJ local para pesquisa de inventário judicial e no campo pesquisa processual por nome pesquisar processos ativos e baixados na Comarca dos últimos domicílios do *de cujus* utilizando o nome do mutuário, bem como as expressões "sucessão de" mais nome do mutuário e "espólio de" mais nome do mutuário;

3) frustradas as pesquisas acima, obter certidão do TJ local onde constem ações distribuídas vinculadas ao CPF do mutuário falecido (documento que pode ser obtido junto ao fórum local no setor de distribuição de ações). Em SP acessar no *link* a seguir a opção certidão de distribuição de inventário e seguir orientações (não há custo): https://esaj.tjsp.jus.br/sco/abrirCadastro.do

Neste contexto, caso não encontrado inventário e não conste nos autos certidão de óbito, devida obtenção desta, sendo indispensável a indicação do município de falecimento; bem como obtenção dos dados dos sucessores, como nome completo, CPF e endereço e pesquisa de bens do *de cujus*.

Devido esclarecer que no caso de avença garantida com alienação fiduciária de bem suficiente para satisfação da dívida em aberto, a pesquisa de bens é dispensável, na medida em que já se sabe da existência do próprio bem dado em garantia vinculado ao mutuário falecido.

O óbito gera a liquidação da operação de CRÉDITO CONSIGNADO?

Nos casos de crédito consignado, bom lembrar que o óbito não gera a extinção da dívida. Primeiro, já que após a edição da Lei nº 8.112/90, encontra-se revogada, no âmbito dos servidores sujeitos ao seu regime, a disciplina de consignação em folha de pagamento disposta pela Lei nº 1.046/50[3], inclusive em seu artigo 16.

Ressalte-se que a Lei 8.112 de 11/12/1990 é posterior à Lei 1.046 (foi publicada mais de 40 anos depois) e, portanto, revoga essa última tacitamente, conforme determina o artigo 2º, § 1º, da Lei de Introdução às Normas do Direito Brasileiro (Decreto-Lei nº 4.657/42)[4].

A Lei nº 8.112/90 passou a disciplinar o regime administrativo dos servidores públicos da União, suas Autarquias e Fundações Públicas. O artigo 45 traçou o princípio do regime consignatório, prevendo, expressamente, seu regramento

3. Referida norma estabelecia o regime da consignação em folha de pagamento dos agentes públicos da União arrolados em seu artigo 4º.
4. Art. 2º Não se destinando à vigência temporária, a lei terá vigor até que outra a modifique ou revogue. § 1º A lei posterior revoga a anterior quando expressamente o declare, quando seja com ela incompatível ou quando regule inteiramente a matéria de que tratava a lei anterior.

pormenorizado por meio de regulamento próprio. O Decreto nº 4.961/2004 regula atualmente a matéria.

Fato, aliás, reconhecido pelo **Superior Tribunal de Justiça - STJ**; pelo **TRF4**, a exemplo da AC 5004121-27.2016.4.04.7000/PR, 3ª Turma, julgada em 02/10/2018 e da AC Nº 5007406-28.2016.4.04.7000/PR, 3ª Turma, julgada em 06/12/2016 e; pelo **TRF2**, a exemplo da AMS 200002010651039, 6ª TURMA, 17/11/2003 - Página:165.

Vejamos precedentes do STJ:

> RECURSO ESPECIAL. DIREITO CIVIL. EMBARGOS À EXECUÇÃO. NEGATIVA DE PRESTAÇÃO JURISDICIONAL. AFASTADA. CONTRATO DE CRÉDITO CONSIGNADO EM FOLHA DE PAGAMENTO. FALECIMENTO DA CONSIGNANTE. EXTINÇÃO DA DÍVIDA. AUSÊNCIA DE PREVISÃO LEGAL. ART. 16 DA LEI 1.046/50. REVOGAÇÃO TÁCITA. IMPENHORABILIDADE DO BEM DE FAMÍLIA. SÚMULA 7/STJ. MAJORAÇÃO DE HONORÁRIOS ADVOCATÍCIOS.1. Embargos à execução opostos em 02/10/13. Recurso especial interposto em 25/01/18 e concluso ao gabinete em 20/07/18.2. O propósito recursal é dizer sobre a extinção da dívida decorrente de contrato de crédito consignado em folha de pagamento, em virtude do falecimento da consignante.3. Devidamente analisadas e discutidas as questões de mérito, e fundamentado corretamente o acórdão recorrido, de modo a esgotar a prestação jurisdicional, não há que se falar em violação do art. 489, §1º, IV, do CPC.4. Pelo princípio da continuidade, inserto no art. 2º da Lei de Introdução às Normas do Direito Brasileiro - LINDB, excetuadas as hipóteses legalmente admitidas, **a lei tem caráter permanente, vigendo até que outra a revogue**. E, nos termos do § 1º do referido dispositivo, a **lei posterior revoga a anterior** quando expressamente o declare (revogação expressa), **quando seja com ela incompatível ou quando regule inteiramente a matéria de que tratava a lei anterior (revogação tácita)**.5. A leitura dos arts. 3º e 4º da Lei 1.046/50

evidencia que se trata de legislação sobre consignação em folha de pagamento voltada aos servidores públicos civis e militares. 6. Diferentemente da Lei 1.046/50, a Lei 10.820/03 regula a consignação em folha de pagamento dos empregados regidos pela Consolidação das Leis do Trabalho – CLT e dos titulares de benefícios de aposentadoria e pensão do Regime Geral de Previdência Social. 7. Segundo a **jurisprudência do STJ, houve a ab-rogação tácita ou indireta da Lei 1.046/50 pela Lei 8.112/90**, pois esta tratou, inteiramente, da matéria contida naquela, afastando, em consequência, a sua vigência no ordenamento jurídico.8. Malgrado a condição da consignante – se servidora pública estatutária ou empregada celetista; se ativa ou inativa – não tenha sido considerada no julgamento dos embargos à execução opostos pelos recorrentes, tal fato não impede o julgamento deste recurso especial, porquanto, sob qualquer ângulo que se analise a controvérsia, a conclusão é uma só: o art. 16 da Lei 1.046/50, que previa a extinção da dívida em virtude do falecimento do consignante, não está mais em vigor, e seu texto não foi reproduzido na legislação vigente sobre o tema. 9. No particular, a morte da consignante não extingue a dívida por ela contraída mediante consignação em folha, mas implica o pagamento por seu espólio ou, se já realizada a partilha, por seus herdeiros, sempre nos limites da herança transmitida (art. 1.997 do CC/02).10. Recurso especial parcialmente conhecido e, nessa extensão, não provido, com majoração de honorários advocatícios recursais.

(REsp 1.753.135/RS, Rel. MINISTRA NANCY ANDRIGHI, 3ª TURMA, julgado em 13/11/2018) (grifos nossos)

DIREITO CIVIL. RECURSO ESPECIAL. EMBARGOS À EXECUÇÃO. **CONTRATO DE CRÉDITO CONSIGNADO EM FOLHA DE PAGAMENTO. FALECIMENTO DA CONSIGNANTE. EXTINÇÃO DA DÍVIDA. AUSÊNCIA DE PREVISÃO LEGAL. ART. 16 DA LEI 1.046/50. REVOGAÇÃO TÁCITA.** JULGAMENTO: CPC/73.

1. Embargos à execução de contrato de crédito consignado opostos em 11/04/2013, de que foi extraído o presente recurso especial, interposto em 29/04/2014 e atribuído ao gabinete em 25/08/2016.

2. O propósito recursal é dizer sobre a extinção da dívida decorrente de contrato de crédito consignado em folha de pagamento, em virtude do falecimento da consignante.

3. Pelo princípio da continuidade, inserto no art. 2º da Lei de Introdução às Normas do Direito Brasileiro - LINDB, excetuadas as hipóteses legalmente admitidas, a lei tem caráter permanente, vigendo até que outra a revogue. E, nos termos do § 1º do referido dispositivo, a lei posterior revoga a anterior quando expressamente o declare (revogação expressa), quando seja com ela incompatível ou quando regule inteiramente a matéria de que tratava a lei anterior (revogação tácita).

4. A leitura dos arts. 3º e 4º da Lei 1.046/50 evidencia que se trata de legislação sobre consignação em folha de pagamento voltada aos servidores públicos civis e militares. 5. Diferentemente da Lei 1.046/50, a Lei 10.820/03 regula a consignação em folha de pagamento dos empregados regidos pela Consolidação das Leis do Trabalho - CLT e dos titulares de benefícios de aposentadoria e pensão do Regime Geral de Previdência Social.

6. Segundo a jurisprudência do STJ, houve a ab-rogação tácita ou indireta da Lei 1.046/50 pela Lei 8.112/90, pois esta tratou, inteiramente, da matéria contida naquela, afastando, em consequência, a sua vigência no ordenamento jurídico.

7. Malgrado a condição da consignante - se servidora pública estatutária ou empregada celetista; se ativa ou inativa - não tenha sido considerada no julgamento dos embargos à execução opostos pelo espólio, tal fato não impede o julgamento deste recurso especial, porquanto, sob qualquer ângulo que se analise a

controvérsia, **a conclusão é uma só: o art. 16 da Lei 1.046/50, que previa a extinção da dívida em virtude do falecimento do consignante, não está mais em vigor, e seu texto não foi reproduzido na legislação vigente sobre o tema.**

8. No particular, a morte da consignante não extingue a dívida por ela contraída mediante consignação em folha, mas implica o pagamento por seu espólio ou, se já realizada a partilha, por seus herdeiros, sempre nos limites da herança transmitida (art. 1.997 do CC/02).

9. Em virtude do exame do mérito, por meio do qual foi rejeitada a tese sustentada pela recorrente, fica prejudicada a análise da divergência jurisprudencial.

10. Recurso especial conhecido e desprovido.

(REsp 1498200/PR, Rel. Ministra NANCY ANDRIGHI, 3ª TURMA, julgado em 05/06/2018, DJe 07/06/2018) (grifos nossos)

RECURSO ESPECIAL. PROCESSO CIVIL. ADMINISTRATIVO. SERVIDOR PÚBLICO. CONSIGNAÇÃO. LEIS NºS 1.046/50 E 2.339/54. REVOGAÇÃO NO ÂMBITO DA LEI Nº 8.112/90.

Após a edição da Lei nº 8.112/90, encontra-se revogada, no âmbito das entidades e dos servidores sujeitos ao seu regime, a disciplina de consignação em folha de pagamento disposta pelas Leis nºs 1.046/50 e 2.339/54.

Recurso desprovido.

(REsp 688.286/RJ, Rel. Ministro JOSÉ ARNALDO DA FONSECA, 5ª TURMA, julgado em 17/11/2005, DJ 05/12/2005, p. 367) (grifei)

A importância do tema fica clara considerando decisão do TRF3, do ano de 2017, ou seja, 27 anos depois da revogação referida, na AC 00075742420104036105, onde equivocadamente reconheceu a quitação pelo falecimento.

E na operação de FIES, com o óbito a dívida é quitada?

A dívida vinculada ao Financiamento Estudantil - FIES apenas será quitada pelo óbito do estudante para contratações posteriores à vigência da Lei 11.482/07 em 31/05/2007.

Contratações anteriores não. Entendimento corroborado pelos postulados constitucionais e legais da irretroatividade das normas[5].

Lembrando que a amortização das dívidas do FIES geralmente ocorre apenas após o período de carência (em regra 180 dias) que se inicia somente após a conclusão do curso. Com efeito, a execução das avenças firmadas em 2007 pode se iniciar até 2022 (caso de estudante que se formou em 10 anos, considerando a prescrição quinquenal incidente), o que justifica a devida atenção ao tema atualmente.

Foi a Lei nº. 11.482/07, sem qualquer disposição de efeito retroativo, que inseriu a hipótese de quitação da dívida por falecimento do estudante tomador[6] na Lei 10.260/2001 - FIES.

---

5. *Verbis:* artigo 5º, *caput* e XXXVI, da CF - respectivamente, segurança jurídica e ato jurídico perfeito e direito adquirido e artigos 1º e 6º, §§ 1º e 2º, ambos da Lei nº. 4.657/42 - Lei de Introdução às normas do Direito Brasileiro.

6. *Verbis*: Art. 6º § 1º Nos casos de falecimento ou invalidez permanente do estudante tomador do financiamento, devidamente comprovados, na forma da legislação pertinente, o saldo devedor será absorvido conjuntamente pelo Fies, pelo agente financeiro e pela instituição de ensino. (Incluído pela Lei nº 11.552, de 2007). § 1º Nos casos de falecimento ou invalidez permanente do estudante tomador do financiamento, devidamente comprovados, na forma da legislação pertinente, o saldo devedor será absorvido conjuntamente pelo Fies e pela instituição de ensino. (Redação dada pela Lei nº 12.202, de 2010) Art. 6º-A. Em caso de falecimento ou invalidez permanente, devidamente comprovada na forma da legislação pertinente, do estudante tomador do financiamento, o débito será absorvido pelo agente financeiro e pela instituição de ensino, observada a proporção estabelecida no inciso V do caput do art. 5o desta Lei. (Incluído pela Lei nº 11.482, de 2007) (Revogado pela Lei nº 11.552, de 2007). Art. 6o-D. Nos casos de

Hoje temos inclusive previsão para contratação obrigatória de seguro prestamista no artigo 6º-D, da Lei 10.260/01, alterado pela Lei 13.530, de 2017, trazendo a devida segurança à manutenção dos recursos que viabilizam o FIES, o que reforça a irretroatividade da norma em apreço.

---

falecimento ou invalidez permanente do estudante tomador do financiamento, devidamente comprovados, na forma da legislação pertinente, o saldo devedor será absorvido conjuntamente pelo Fies e pela instituição de ensino. (Incluído pela Lei nº 12.513, de 2011) Art. 6º-D. Nos casos de falecimento ou invalidez permanente do estudante financiado pelo Fies, o saldo devedor será absorvido por seguro prestamista obrigatório, a ser contratado pelo estudante logo após a assinatura do contrato de financiamento do Fies, no prazo estabelecido no contrato de financiamento, exceto quanto aos contratos firmados até a data de publicação da Medida Provisória no 785, de 6 de julho de 2017. (Redação dada pela Medida Provisória nº 785, de 2017) Art. 6º-D. Nos casos de falecimento ou invalidez permanente do estudante financiado pelo Fies, o saldo devedor será absorvido por seguro prestamista obrigatório, a ser contratado pelo estudante logo após a assinatura do contrato de financiamento do Fies, no prazo estabelecido no contrato de financiamento, exceto quanto aos contratos firmados até o segundo semestre de 2017. (Redação dada pela Lei nº 13.530, de 2017) Art. 15-M. Nas hipóteses de falecimento ou invalidez permanente do estudante financiado pela modalidade do Fies de que trata o art. 15-D desta Lei, o saldo devedor será absorvido pela instituição financeira que concedeu o financiamento, situação em que é admitido o seguro prestamista, nos termos fixados pela instituição financeira. (Incluído pela Lei nº 13.530, de 2017) Parágrafo único. As hipóteses a que se refere o caput deste artigo deverão ser devidamente comprovadas, na forma da legislação pertinente. (Incluído pela Lei nº 13.530, de 2017)

8

PENHORA FATURAMENTO, COTAS SOCIAIS E RENDIMENTOS, LUCROS E DIVIDENDOS

Na execução contra PJ existe alguma previsão legal específica para dar efetividade à recuperação?

No processo de execução ou na fase executiva contra pessoa jurídica, a penhora do faturamento prevista nos artigos 835, X e 866, ambos do CPC[1] têm potencial para otimizar a efetividade da jurisdição.

Para evitar medidas inócuas, pertinente verificar nos autos se não resta certificado pelo oficial de justiça ou consta na declaração de informações econômicas e fiscais pessoa jurídica – DIPJ (obtenção através do INFOJUD) ou na

---

1. Art. 835. A penhora observará, preferencialmente, a seguinte ordem: X - percentual do faturamento de empresa devedora; Art. 866. Se o executado não tiver outros bens penhoráveis ou se, tendo-os, esses forem de difícil alienação ou insuficientes para saldar o crédito executado, o juiz poderá ordenar a penhora de percentual de faturamento de empresa. § 1o O juiz fixará percentual que propicie a satisfação do crédito exequendo em tempo razoável, mas que não torne inviável o exercício da atividade empresarial. § 2o O juiz nomeará administrador-depositário, o qual submeterá à aprovação judicial a forma de sua atuação e prestará contas mensalmente, entregando em juízo as quantias recebidas, com os respectivos balancetes mensais, a fim de serem imputadas no pagamento da dívida. § 3o Na penhora de percentual de faturamento de empresa, observar-se-á, no que couber, o disposto quanto ao regime de penhora de frutos e rendimentos de coisa móvel e imóvel.

certidão da receita federal – RF (acesso gratuito através do site da RF) que a empresa está inativa.

Ressalte que conforme determina o citado artigo 866, do CPC, a penhora do faturamento é devida quando *"o executado não tiver outros bens penhoráveis ou se, tendo-os, esses forem de difícil alienação ou insuficientes para saldar o crédito executado"*, o que deve ser observado pelo oficial de justiça no momento da constrição judicial.

Note-se que a empresa conta com muito mais *know-how*[2] para alienar bens de baixa liquidez por ela produzidos do que, na maior parte das vezes, o leiloeiro judicial ou a própria parte exequente através da alienação direta priorizada pelo CPC, o que corrobora a pertinência da penhora de faturamento nestes casos.

O STJ, através da 2ª Seção, definiu que não é necessário o esgotamento das tentativas de penhora sobre outros bens para penhora do faturamento, bem como que esta é devida diante da localização apenas de bens de baixa liquidez, entre outros aspectos. Vejamos as teses definidas pelo precedente qualificado do STJ em apreço:

> **TESES DEFINIDAS NO JULGAMENTO DO RECURSO REPETITIVO**
>
> 15. Para os fins do art. 1.036 e seguintes do CPC, propõe-se o estabelecimento das
>
> seguintes teses:
>
> **I – A necessidade de esgotamento das diligências como requisito para a penhora de faturamento**

2. *substantivo masculino*
1. conhecimento de normas, métodos e procedimentos em atividades profissionais, esp. as que exigem formação técnica ou científica.
2. por extensão
habilidade adquirida pela experiência; saber prático.

foi afastada após a reforma do CPC/1973 pela Lei 11.382/2006;

II - No regime do CPC/2015, a penhora de faturamento, listada em décimo lugar na ordem preferencial de bens passíveis de constrição judicial, poderá ser deferida após a demonstração da inexistência dos bens classificados em posição superior, ou, alternativamente, se houver constatação, pelo juiz, de que tais bens são de difícil alienação; finalmente, a constrição judicial sobre o

faturamento empresarial poderá ocorrer sem a observância da ordem de classificação estabelecida em lei, se a autoridade judicial, conforme as circunstâncias do caso concreto, assim o entender (art. 835, § 1º, do CPC/2015),

justificando-a por decisão devidamente fundamentada;

III – A penhora de faturamento não pode ser equiparada à constrição sobre

dinheiro;

IV - Na aplicação do princípio da menor onerosidade (art. 805, parágrafo único, do CPC/2015; art. 620 do CPC/1973): a) autoridade judicial deverá estabelecer percentual que não inviabilize o prosseguimento das atividades empresariais; e b) a decisão deve se reportar aos elementos probatórios concretos trazidos pelo devedor, não sendo lícito à autoridade judicial empregar o referido princípio em abstrato ou com base em simples alegações genéricas do executado.

(REsp 1.666.542/SP, 2ª Seção, DEJ 09/05/2024) (negrito no original)

Para trazer efetividade à esta restrição judicial, pertinente a designação de perito administrador-depositário judicial visando uma estimativa de pagamento, prestação de contas mensais, etc. Note-se que se o cumprimento da expropriação através da penhora de faturamento ficar "nas mãos" da própria empresa executada, há grande probabilidade dela se tornar inócua.

No processo 10000154720148260038, Comarca de Araras/SP, há bom exemplo de laudo pericial neste sentido, vejamos:

> **"I. OBJETIVO DA PERÍCIA**
>
> Cumprimento da etapa 1 de formulação do plano de administração judicial para atendimento do comando judicial, assim descrito no orçamento encaminhado ao Juízo:
>
> "ETAPA 1
>
> - Confecção de laudo/plano de administração, composto por estudo de viabilidade econômica (análise mercadológica com projeção de receitas e despesas, e quantificação do ponto de equilíbrio - break even point – para estimação da capacidade de pagamento), suportado por pesquisas de campo e análise documental, e complementado por respostas aos quesitos a serem apresentados pelas partes..."
>
> **II. METODOLOGIA APLICADA**
>
> Para cumprimento desta "etapa 1" do trabalho, a construção do laudo pericial inicial ocorreu em conformidade com a Regulamentação de Perícia Judicial e Extrajudicial Econômica e Financeira recomendada pelo COFECON – CONSELHO FEDERAL DE ECONOMIA.
>
> Este trabalho seguiu os seguintes procedimentos técnicos:
>
> i. Diligências de campo, oitiva de relatos e consultas às partes;
>
> ii. Exame e conferência dos documentos encaminhados;

> iii. Análise das relações contratuais convencionadas;
>
> iv. Estudo da legislação correlata;
>
> v. Relatório final
>
> ..."

O valor referente aos honorários periciais deve ser antecipado pela parte exequente e suportado pela parte executada, ou seja, incluído no valor exequendo como custa processual, ao lado das demais custas processuais despendidas e honorários advocatícios devidos.

Neste contexto, deve ser analisado o custo benefício da penhora.

É possível a penhora de cotas sociais de empresa diversa da empresa executada ou faturamento/rendimento (lucros ou dividendos) referente?

Uma vez identificado (via INFOJUD declaração de imposto de renda pessoa física – DIRPF por exemplo) que, embora a parte executada não possua outros bens e direitos, conta com participação no capital social em empresa, pertinente a penhora das cotas de capital social ou das ações de sua propriedade, nos termos do artigo 835, IX, do CPC[3], com intimação judicial desta última para que no prazo de 3 dias, conforme artigo 861, do CPC[4]:

> I - apresente balanço especial, na forma da lei;
>
> II - ofereça as quotas ou as ações aos demais sócios, observado o direito de preferência legal ou contratual;

3. Art. 835. A penhora observará, preferencialmente, a seguinte ordem:
IX - ações e quotas de sociedades simples e empresárias;

4. Da Penhora das Quotas ou das Ações de Sociedades Personificadas Art. 861. Penhoradas as quotas ou as ações de sócio em sociedade simples ou empresária, o juiz assinará prazo razoável, não superior a 3 (três) meses, para que a sociedade:

> III - não havendo interesse dos sócios na aquisição das ações, proceda à liquidação das quotas ou das ações, depositando em juízo o valor apurado, em dinheiro.

Na mesma intimação deve constar observação no sentido de que para evitar a liquidação das quotas ou das ações, a sociedade poderá adquiri-las sem redução do capital social e com utilização de reservas, para manutenção em tesouraria.

Deve constar, ainda, que o prazo de 3 dias pode ser elastecido apenas se comprovado nos autos que o pagamento das cotas ou das ações a serem liquidadas irá superar o valor do saldo de lucros ou reservas, exceto a legal, e sem diminuição do capital social, ou por doação, bem como que irá colocar em risco a estabilidade financeira da sociedade simples ou empresária.

Sendo caso de sociedade anônima de capital aberto, a alienação das ações deve se dar em bolsa de valores.

Caso as cotas sociais não sejam adquiridas pelos demais sócios, nem pela própria empresa em apreço e esta última comprovar nos autos que a liquidação das cotas sociais é excessivamente onerosa para sociedade, pertinente a penhora, nos termos do artigo 855 e seguintes, do CPC[5] e 312, do CC[6], dos valores que seriam pagos à parte executada em virtude das cotas de capital em questão/da titularidade da empresa individual em questão (lucros ou dividendos),

5. Art. 855. Quando recair em crédito do executado, enquanto não ocorrer a hipótese prevista no art. 856 , considerar-se-á feita a penhora pela intimação: I - ao terceiro devedor para que não pague ao executado, seu credor; II - ao executado, credor do terceiro, para que não pratique ato de disposição do crédito.
6. Art. 312. Se o devedor pagar ao credor, apesar de intimado da penhora feita sobre o crédito, ou da impugnação a ele oposta por terceiros, o pagamento não valerá contra estes, que poderão constranger o devedor a pagar de novo, ficando-lhe ressalvado o regresso contra o credor.

através da intimação da empresa vinculada para que, ao invés de cumprir sua obrigação junto à parte executada, deposite os valores vinculados em conta judicial à disposição do juízo.

Ressalte-se que a participação em sociedade empresarial seja na condição de titular de firma individual seja na condição de sócio ou acionista visa à obtenção de vantagem econômica e é sobre esta vantagem a penhora devida, vantagem esta que se traduz nos valores/rendimentos (lucros ou dividendos) que são pagos pela empresa ao seu titular, sócio ou acionista.

Destaque-se que os cidadãos fazem parte/são sócios de sociedade empresária também, se não principalmente, com o intuito de obter vantagens financeiras, de auferir lucro, e é sobre isso que é devida a penhora em análise.

Neste contexto, fica claro que não é possível a afirmação, sem apresentação dos balanços contábeis da empresa, de que não existem rendimentos que são pagos à parte executada em razão das cotas de capital social de sua propriedade. Portanto, negar a penhora pela inexistência de comprovação nos autos da existência de tais rendimentos implica em inviabilizar a penhora em todos os casos, afinal, como se daria esta comprovação, já que os livros contábeis não são de acesso público?

Além disso, cada caso é um caso. Assim, ainda que pleito semelhante deferido em demanda que trata de caso concreto diverso não tenha tido o resultado prático almejado (tenha sido inócuo), ainda assim, é pertinente a realização da penhora.

Devida, ainda, a expedição de ofício à JUCERGS para que registre a penhora em apreço junto ao respectivo contrato social.

Importante que fique claro que a execução judicial busca atender aos interesses do credor, com a expropriação de bens do executado, conforme determinam os artigos 797 e 824, do CPC[7].

Nesse diapasão, temos julgados do Superior Tribunal de Justiça – STJ e do TRF4, a exemplo do AG 0015365-62.2011.404.0000, 3ª Turma, D.E. 28/02/2012, do AI Nº 5032838-68.2014.404.0000/RS, inclusive com deferimento de efeito suspensivo ao agravo interposto, do AI Nº 5027260-61.2013.404.0000/RS e do AI 50482812520154040000/RS (relacionado a caso de penhora de valores decorrentes da titularidade de firma individual).

Vejamos os precedentes do STJ:

> RECURSO ESPECIAL. Divergência. Precedente do STJ. Diário da Justiça. Site na internet. Indicado como paradigma acórdão do próprio STJ, com referência ao Diário da Justiça da União, órgão de publicação oficial, e com a reprodução do inteiro teor divulgado na página que o STJ mantém na Internet, tem-se por formalmente satisfeita a exigência de indicação da fonte do acórdão que serve para caracterizar o dissídio. EXECUÇÃO. Penhora. Quotas sociais. Sociedade de responsabilidade limitada. **Execução contra sócio. É possível a penhora de quota social por dívida individual do sócio.** A cláusula que garante a preferência aos outros sócios na alienação não impede a penhora. Recurso não conhecido. (Recurso Especial Nº 327.687 – SP (2001/0057873-6), Ministro Ruy Rosado de Aguiar, 4ª Turma, Superior Tribunal de Justiça). (Grifo nosso)

7. Art. 797. Ressalvado o caso de insolvência do devedor, em que tem lugar o concurso universal, realiza-se a execução no interesse do exequente que adquire, pela penhora, o direito de preferência sobre os bens penhorados. Art. 824. A execução por quantia certa realiza-se pela expropriação de bens do executado, ressalvadas as execuções especiais.

LOCAÇÃO E PROCESSUAL CIVIL. EXECUÇÃO. PENHORA DE QUOTAS. SOCIEDADE LIMITADA. POSSIBILIDADE. PRECEDENTES. PRETENSÃO DE PREQUESTIONAR DISPOSITIVOS CONSTITUCIONAIS. IMPOSSIBILIDADE NA VIA ESPECIAL.

1. A jurisprudência do Superior Tribunal de Justiça firmou-se no sentido de que é possível a penhora de cotas de sociedade limitada, seja porque tal constrição não implica, necessariamente, a inclusão de novo sócio; seja porque o devedor deve responder pelas obrigações assumidas com todos os seus bens presentes e futuros, nos termos do art. 591 do Código de Processo Civil.

2. A esta Corte é vedada a análise de dispositivos constitucionais em sede de recurso especial, ainda que para fins de prequestionamento, sob pena de usurpação da competência da Suprema Corte. Precedentes.

3. Agravo regimental desprovido.

(AgRg no Ag 1164746, Relator(a) Ministra LAURITA VAZ, 5ª TURMA, DJe 26/10/2009)

AGRAVO REGIMENTAL. AGRAVO EM RECURSO ESPECIAL. PENHORA DE QUOTAS SOCIAIS. POSSIBILIDADE. AUSÊNCIA DE PREQUESTIONAMENTO. SÚMULA 282 E 356/STF.

1.- Esta Corte já firmou entendimento que é possível a penhora de quota social, inclusive, a previsão contratual de proibição à livre alienação das quotas de sociedade de responsabilidade limitada não impede a penhora de tais quotas para garantir o pagamento de dívida pessoal de sócio. Isto porque, referida penhora não encontra vedação legal e nem afronta o princípio da affectio societatis, já que não enseja, necessariamente, a inclusão de novo sócio.

(...)

(AgRg no AREsp 231266 / SP, Relator(a) SIDNEI BENETI, 3ª TURMA, DJe 10/06/2013)

Na lição de Egberto Lacerda Teixeira[8]:

> Parece-nos que a penhora das cotas, em face do nosso direito positivo, devia corresponder tanto quanto possível à penhora no rosto dos autos. **Equivaleria a uma restrição à eventual disponibilidade, pelo devedor executado, de sua quota-parte bem como dos fundos ou lucros líquidos que lhe viessem a caber na divisão dos lucros de balanço ou na partilha final de liquidação**. (grifo nosso)
>
> TEIXEIRA, Egberto Lacerda apud ALMEIDA, Amador Paes de. **Execução de Bens dos Sócios**, 8ª. Edição, São Paulo: Saraiva, 2007, p.109

8. TEIXEIRA, Egberto Lacerda apud ALMEIDA, Amador Paes de. Execução de Bens dos Sócios, 8ª. Edição, São Paulo: Saraiva, 2007, p.109.

9

FINANCIAMENTO MATERIAIS DE CONSTRUÇÃO – PENHORA BEM DE FAMÍLIA

E na fase executiva por inadimplemento de operação de financiamento de materiais de construção, existe alguma peculiaridade em benefício do credor?

No financiamento de materiais de construção temos peculiaridade que pode auxiliar na busca de efetividade da execução. Sejam os recursos utilizados para construção ou reforma de bem imóvel de propriedade do executado, será possível a penhora daquele ainda que se trate de bem de família, considerando a exceção prevista no artigo 3º, II, da Lei 8.009/90[1], o que é corroborado pelo STJ, 3ª Turma, respectivamente, nos REsp 927.686, DJU 31.10.07 e REsp 2.082.860, DEJ 27/02/2024:

> Parte interessante do Voto que prevaleceu por unanimidade:
>
> "Nessa linha de raciocínio, comungo do entendimento esposado pelo colegiado de origem no sentido de

---

1. Art. 3º A impenhorabilidade é oponível em qualquer processo de execução civil, fiscal, previdenciária, trabalhista ou de outra natureza, salvo se movido: II - pelo titular do crédito decorrente do financiamento destinado à construção ou à aquisição do imóvel, no limite dos créditos e acréscimos constituídos em função do respectivo contrato;

que o princípio que orienta a **exceção do inciso II do artigo 3º da Lei 8.009/90 aplica-se também** ao caso em julgamento, porquanto não me afigura razoável conceber que a intenção do legislador tenha sido a de excepcionar a regra da impenhorabilidade apenas aos casos de financiamentos decorrentes do Sistema Financeiro da Habitação. De outro modo, o dispositivo em comento deve ser interpretado em termos amplos, de modo a alcançar, por aplicação analógica, tanto aqueles decorrentes dos **empréstimos bancários, como quaisquer outras formas de aporte financeiro que tenham por finalidade a construção do imóvel**. Leva-se em conta aqui, para fins de aplicação da lei, como observa Rainer Czajkowski , "a destinação do crédito e não a qualidade do credor " (A impenhorabilidade do bem de família, comentários à Lei nº 8.009/90, Curitiba, 2001, Juruá Editora, 4ª edição, p. 154).

Aliás, é oportuno lembrar que essa exceção, contemplada na Lei 8.009/90, está hoje, também, no Cód. Pr. Civil, artigo 649, § 1º: "A impenhorabilidade não é oponível à cobrança do crédito concedido para a aquisição do próprio bem."

Destarte, o que importa para ensejar a aplicação analógica do inciso II do artigo 3º da Lei da Impenhorabilidade é que a dívida tenha sido assumida como condição para a construção da moradia, sob pena de se proteger o bem de família mesmo quando utilizada tal exceção como meio de obtenção de vantagem indevida, o que muito se avizinha ao enriquecimento ilícito.

Nessa medida, seria injurídico e eticamente inadequado utilizar a impenhorabilidade do bem de família para colocar o imóvel do recorrente a salvo da execução movida pela recorrida, sendo certo que referido instituto não tem o alcance limitado que o recorrente quer lhe emprestar." (grifos nossos)

Ementa:

RECURSO ESPECIAL. **PENHORA. BEM DE FAMÍLIA. EXCEÇÃO LEGAL. INTERPRETAÇÃO EXTENSIVA.**

- Enquadra-se na exceção contida no Art. 3º, II, da Lei 8.009/90 a execução de dívida contraída pelo proprietário de imóvel em construção perante a associação de mutuários que assumiu a edificação após a falência da incorporadora originária.

- O Art. 3º, II, da Lei 8.009/90 deve ser interpretado em termos amplos, de modo a alcançar, por aplicação analógica, tanto os créditos decorrentes de empréstimos bancários, como outras formas de aporte financeiro destinados à construção do imóvel.

- Importa para ensejar a aplicação analógica do inciso II do artigo 3º da Lei da Impenhorabilidade, a circunstância de a dívida ser assumida como instrumento para a construção da moradia. Não é lícito proteger suposto bem de família para evitar cobrança de dinheiro para a obtenção da moradia, o que muito se avizinha ao enriquecimento ilícito.

(STJ-REsp 927.686, 3ª Turma, DJU 31.10.07)

(grifos nossos)

PROCESSUAL CIVIL. RECURSO ESPECIAL. AÇÃO DE COBRANÇA. CUMPRIMENTO DE

SENTENÇA. DÍVIDA DECORRENTE DE CONTRATO DE PRESTAÇÃO DE SERVIÇOS DE **REFORMA RESIDENCIAL. BEM DE FAMÍLIA. PENHORA. POSSIBILIDADE**. ART. 3º, II, DA LEI 8.009/90 E ART. 833, § 1º, DO CPC.

1. Recurso especial interposto em 2/9/2022 e concluso ao gabinete em 2/5/2023. 2. O propósito recursal consiste em definir se a exceção à impenhorabilidade do bem de família prevista no art. 3º, II, da Lei nº 8.009/90 se aplica à **dívida contraída para reforma do imóvel**. 3. As regras que estabelecem hipóteses de impenhorabilidade não são absolutas. O próprio art. 3º da

Lei nº 8.009/90 prevê uma série de exceções à impenhorabilidade, entre as quais está a hipótese em que a ação é movida para cobrança de crédito decorrente de financiamento destinado à construção ou à aquisição do imóvel, no limite dos créditos e acréscimos constituídos em função do respectivo contrato (inciso II). 4. Da **exegese do comando do art. 3º, II, da Lei nº 8.009/90**, fica evidente que a finalidade da norma foi **coibir que o devedor se escude na impenhorabilidade do bem de família para obstar a cobrança de dívida contraída para** aquisição, construção **ou reforma** do próprio imóvel, ou seja, de débito derivado de negócio jurídico envolvendo o próprio bem. Portanto, a dívida relativa a serviços de reforma residencial se enquadra na referida exceção. 5. É nítida a preocupação do legislador no sentido de impedir a deturpação do benefício legal, vindo a ser utilizado como artifício para viabilizar a aquisição, melhoramento, uso, gozo e/ou disposição do bem de família sem nenhuma contrapartida, à custa de terceiros. 6. No particular, o débito objeto de cumprimento de sentença foi contraído pela recorrente junto às recorridas com a **finalidade de implementação de reforma no imóvel residencial, razão pela qual incide o disposto no art. 3º, II, da Lei nº 8.009/90**. 7. Recurso especial conhecido e não provido.

(STJ-REsp 2.082.860, 3ª Turma, DEJ 27/02/2024)

(grifos nossos)

10

OPERAÇÃO CRÉDITO CONSIGNADO – PENHORA REMUNERAÇÃO

Na cobrança da operação de crédito consignado existe alguma peculiaridade na busca por patrimônio penhorável?

Na hipótese de execução de crédito consignado, pertinente buscar informação se a parte executada está atualmente recebendo remuneração e quais os dados da fonte remuneratória atual (nome, CPF/CNPJ, endereço – no INFOJUD declaração de imposto de renda pessoa física – DIRPF geralmente consta).

Havendo atual recebimento de remuneração e previsão expressa em cláusula do pacto firmado entre as partes (geralmente cláusulas 7ª, § 3º e 8ª[1]), cabível ordem judicial para desconto em folha de pagamento no limite de 30%, corroborado por diversos precedentes do **Superior Tribunal de Justiça – STJ**; do **TRF4**, a exemplo do

1. "CLÁUSULA SÉTIMA – DO CRÉDITO – Parágrafo Terceiro: O (A) DEVEDOR (A) desde já autoriza em caráter irrevogável, a CONVENIENTE/EMPREGADOR a descontar em folha de pagamento as prestações decorrentes do presente Contrato."

CLÁUSULA OITAVA - DA GARANTIA - Autorização do(a) DEVEDOR(A) para desconto das prestações do empréstimo em folha de pagamento, em caráter irrevogável e para DEVEDOR(A) com vínculo de emprego regido pela CLT - Consolidação das Leis do Trabalho, a autorização para repasse à CAIXA de até 30% (trinta por cento) das verbas rescisórias para liquidação/amortização de saldo devedor, conforme condições deste Contrato.

AI 5053417-66.2016.4.04.0000/RS, 4ª Turma, julgado em 15/03/2017, do AI 5020611-17.2012.404.0000/SC, 3ª Turma, julgado em 10/04/2013, do AI 5018050-20.2012.404.0000/RS, 4ª Turma, julgado em 29/01/2013, do AI 5007996-92.2012.404.0000/RS, 4ª Turma, julgado em 24/07/2012 e; do **TRF5**, a exemplo do AG 00201160220104050000, 2ª Turma, 28/04/2011.

Note-se que não se trata aqui da penhora vedada pelo artigo 833, IV, do CPC, mas de cumprimento da clausula contratual do pacto firmado entre as partes.

Vejamos os precedentes do STJ:

> PROCESSUAL CIVIL. EMBARGOS DE DIVERGÊNCIA. CONTRATO BANCÁRIO. EMPRÉSTIMO. DESCONTO EM FOLHA DE PAGAMENTO. SUPRESSÃO UNILATERAL. IMPOSSIBILIDADE. DISSÍDIO SUPERADO NO SENTIDO DO ARESTO PARADIGMA.
>
> 1. A jurisprudência da Segunda Seção pacificou-se no sentido de que a cláusula contratual que autoriza desconto em folha de pagamento de prestação de empréstimo contratado não pode ser suprimida por vontade unilateral do devedor, uma vez que é circunstância facilitadora para obtenção de crédito em condições de juros e prazos mais vantajosos para o mutuário.
>
> 2. Embargos de divergência conhecidos e providos.
>
> (STJ, **<u>2ª Seção</u>**, EREsp 569972/RS, Rel. Ministro JOÃO OTÁVIO DE NORONHA, DJe 22/10/2009)
>
> EMBARGOS DE DIVERGÊNCIA. EMPRÉSTIMO BANCÁRIO. CLÁUSULA CONTRATUAL. DESCONTO EM FOLHA DE PAGAMENTO. VALIDADE. AUSÊNCIA DE ABUSIVIDADE. PENHORA DE VENCIMENTO. NÃO CONFIGURAÇÃO. SUPRESSÃO UNILATERAL. IMPOSSIBILIDADE. 1. A Segunda Seção desta Corte tem posição consolidada no sentido de que a cláusula que prevê, em contratos de empréstimo, **o desconto em folha de pagamento, não configura a penhora vedada pelo art. 649,**

IV, do CPC, nem encerra qualquer abusividade, não podendo, em princípio, ser alterada unilateralmente, porque é circunstância especial para facilitar o crédito. 2. Embargos de divergência acolhidos. (ERESP 200501817215 - EMBARGOS DE DIVERGENCIA NO RECURSO ESPECIAL – 537145, **Relator(a)** Fernando Gonçalves, STJ - **2ª Seção**, **Fonte** DJ de 11/10/2007, p. 00285, v.u.). (destacou-se e grifou-se)

Cabe mencionar trechos do voto relator do RESP 728.563, de lavra do eminente Ministro Aldir Passarinho:

...

No julgamento do REsp n. 533.719/RS, consignei em despacho monocrático, como relator, que:

"Por fim, relativamente ao desconto em folha de pagamento, com razão igualmente o recorrente, eis que não se cuida de penhora de vencimentos de funcionário público, pois não se está diante de processo de execução, de natureza forçada e constritiva, mas de mero exercício de livre disposição contratual, comum em operações dessa natureza, quando em geral oferecidas taxas inferiores à média de mercado" (DJU de 18.06.2004).

No mesmo rumo foram as considerações e decisões proferidas pelos Exmos. Srs. Ministros Sálvio de Figueiredo Teixeira (MC n. 7.021/RS, DJU de 17.09.2003), Barros Monteiro (MC n. 7.022/RS, DJU de 15.09.2003 e 7.979/RS, DJU de 24.03.2004) e Fernando Gonçalves (MC n. 7791/RS, DJU de 18.02.2004 e 8.001/RS, DJU de 26.03.2004).

O que me parece não ter cabimento é alguém obter um **financiamento a taxas mais favorecidas, justamente porque optou por uma modalidade de consignação em folha de pagamento**, o que ainda o dispensou de apresentação de garantia suplementar e ainda obtendo prazo mais elástico, com redução de cada parcela, e, em seguida, **sob alegação de**

expropriação abusiva, excluir a cláusula, o que denota, inclusive, o nítido propósito de inadimplir a obrigação, porquanto se assim não for, então qual a razão para alijar a consignação? Tenho, portanto, que se cuida de hipótese inteiramente distinta da penhora de renda.

... (grifo nosso)

AGRAVO REGIMENTAL NO AGRAVO DE INSTRUMENTO. CONTRATO BANCÁRIO. EMPRÉSTIMO. DESCONTO DE PRESTAÇÃO EM CONTA CORRENTE ONDE RECEBE SALÁRIOS. POSSIBILIDADE. LIMITE DE 30% DOS VENCIMENTOS.

1. O débito lançado em conta corrente em que é creditado o salário, quando previsto, é modalidade de garantia de mútuo obtido em condições mais vantajosas, não constituindo abusividade, razão pela qual não pode ser suprimido por vontade do devedor. Referido débito deve ser limitado a 30% (trinta por cento) dos vencimentos do servidor.

2. Agravo regimental provido.

(STJ, 4ª Turma, AgRg no Ag 1156356/SP, Rel. Ministro JOÃO OTÁVIO DE NORONHA, julgado em 02/06/2011, DJe 09/06/2011)

AGRAVO REGIMENTAL EM RECURSO ESPECIAL. FUNDAMENTOS INSUFICIENTES PARA REFORMAR A DECISÃO AGRAVADA. ART. 649, IV, DO CPC. IMPENHORABILIDADE. AUSÊNCIA DE PERTINÊNCIA COM A HIPÓTESE DOS AUTOS. DESCONTO EM FOLHA. POSSIBILIDADE. RECURSO IMPROVIDO.

1. O agravante não trouxe argumentos novos capazes de infirmar os fundamentos que alicerçaram a decisão agravada, razão que enseja a negativa de provimento ao agravo regimental.

2. Penhora, constrição judicial decorrente de processo executivo. Instituto que não se ajusta a hipótese dos

autos, porquanto os descontos foram efetuados para pagamento de contratos de mútuo, realizados perante a instituição financeira, situação que encontra amparo na jurisprudência desta Corte Superior.

3. Inexistindo penhora nos autos, não se aplica a regra protetiva do art. 649, IV, do Estatuto Processual Civil, em face da ausência de pertinência com o quadro fático dos autos. A instituição financeira pode apropriar-se dos valores em depósito, desde que previamente autorizada, porquanto não se vislumbra qualquer regra jurídica que impeça tal avença. Precedentes.

4. Agravo regimental a que se nega provimento.

(STJ, 3ª Turma, AgRg no REsp 466387/PR, Rel. Ministro VASCO DELLA GIUSTINA (DESEMBARGADOR CONVOCADO DO TJ/RS), DJe 27/04/2010)

CIVIL. CONTRATO DE MÚTUO. DESCONTO EM FOLHA DE PAGAMENTO. CLÁUSULA INERENTE À ESPÉCIE CONTRATUAL. INOCORRÊNCIA DE ABUSIVIDADE. PENHORA SOBRE REMUNERAÇÃO NÃO CONFIGURADA. SUPRESSÃO UNILATERAL DA CLÁUSULA DE CONSIGNAÇÃO PELO DEVEDOR. IMPOSSIBILIDADE. **I. É válida a cláusula que autoriza o desconto, na folha de pagamento do empregado ou servidor, da prestação do empréstimo contratado, a qual não pode ser suprimida por vontade unilateral do devedor, eis que da essência da avença celebrada em condições de juros e prazo vantajosos para o mutuário** (REsp n. 728.563/RS, Segunda Seção, Rel. Min. Aldir Passarinho Junior, DJU de 22.8.2005). II. Recurso especial não conhecido. **(Processo** RESP 200500970499 - RECURSO ESPECIAL – 758559, **Relator(a)** Aldir Passarinho Junior, STJ - Quarta Turma, **Fonte** DJE de 08/06/2009, v.u.)

11

PESQUISAS JUDICIÁRIO (JUDS) – DECLARAÇÃO OPERAÇÕES IMOBILIÁRIAS - DOI – CAUSALIDADE E RENOVAÇÃO

Quais são os meios a disposição do judiciário para pesquisa online de patrimônio?

Otimizando a busca por bens penhoráveis contamos, entre outros, com os seguintes sistemas informatizados para pesquisa *online*: JUDS BACENJUD, RENAJUD, INFOJUD declaração de operações imobiliárias – DOI e declaração de imposto de renda pessoa física – DIRPF.

Ressalte-se que a DOI não é comum, os juízos geralmente utilizam o sistema apenas para a DIRPF.

Corroborando a viabilidade da utilização dos sistemas informatizados (BACENJUD, RENAJUD e INFOJUD DOI e DIRPF) para satisfação do direito do credor no caso de não pagamento espontâneo pelo devedor, independente de prévio esgotamento de pesquisa de bens pelo exequente, contamos com diversos precedentes do **STJ**; do **TRF3**, a exemplo do AI 5000679-94.2017.4.03.0000, 2ª Turma, julgado em 26/03/2019, do AI 00135732720164030000, 3ª Turma, 18/01/2017, do AI 00126795120164030000, 3ª Turma, 18/01/2017, do AI 00323864420124030000 6ª Turma, 08/11/2013, do AI 00135732720164030000, 3ª Turma, 18/01/2017, do AI 00068413020164030000, 6ª Turma, 04/10/2016 e; do **TRF4**, a exemplo do AI nº 0000681-98.2012.404.0000/RS, DE 05.03.2012 (em especial sobre RENAJUD), do AI nº 0005032-51.2011.404.0000, 3ª Turma, julgado em 21/06/2011, do AI nº 0024393-88.2010.404.0000, 3ª Turma, julgado em 14/06/2011, do AG 2009.04.00.030283-4, 2ª Turma, D.E. 04/11/2009.

Vejamos os precedentes do STJ:

> PROCESSUAL CIVIL. AGRAVO REGIMENTAL NO RECURSO ESPECIAL. RECONSIDERAÇÃO DA DECISÃO AGRAVADA. **INFOJUD. INEXISTÊNCIA DE NECESSIDADE DE ESGOTAMENTO DAS BUSCAS POR BENS DO DEVEDOR**. 1. A Primeira Seção do Superior Tribunal de Justiça, no julgamento do REsp 1.184.765/PA, submetido ao rito dos recursos repetitivos (art. 543-C do CPC), ratificou a necessidade de interpretação sistemática dos artigos 655-A do CPC e 185-A do CTN, de modo a autorizar a penhora eletrônica de depósitos e aplicações financeiras, **independentemente do exaurimento de diligências extrajudiciais, pelo exequente,** após o advento da Lei 11.382/06. **2. O mesmo entendimento adotado para o BACENJUD, deve ser aplicado ao RENAJUD e ao INFOJUD, porquanto, meios colocados à disposição dos credores para simplificar e agilizar a busca de bens aptos a satisfazer os créditos executados.** 3. Recurso especial provido. (STJ, AgRg no REsp 1.522.840/SP, Relator Ministro Mauro Campbell Marques, DJe 10.06.2015. Grifou-se.)

> DIREITO PROCESSUAL CIVIL. **DESNECESSIDADE DE EXAURIMENTO DAS VIAS EXTRAJUDICIAIS PARA A UTILIZAÇÃO DO SISTEMA RENAJUD.** A utilização do sistema RENAJUD com o propósito de identificar a existência de veículos penhoráveis em nome do executado não pressupõe a comprovação do insucesso do exequente na obtenção dessas informações mediante consulta ao DETRAN. O RENAJUD é um sistema on line de restrição judicial de veículos criado pelo Conselho Nacional de Justiça (CNJ), que interliga o Judiciário ao

Departamento Nacional de Trânsito (Denatran) e permite consultas e o envio, em tempo real, à base de dados do Registro Nacional de Veículos Automotores (Renavam), de ordens judiciais de restrições de veículos, inclusive registro de penhora. Para a utilização desse sistema, assim como ocorre com a penhora on line pelo sistema BACENJUD, é dispensável o exaurimento das vias administrativas tendentes à localização de bens do devedor. Essa conclusão pode ser extraída das seguintes considerações: a) a execução é movida no interesse do credor, a teor do disposto no artigo 612 do CPC; b) o sistema RENAJUD é ferramenta idônea para simplificar e agilizar a busca de bens aptos a satisfazer os créditos executados; e c) a utilização do sistema informatizado permite a maior celeridade do processo (prática de atos com menor dispêndio de tempo e de recursos) e contribui para a efetividade da tutela jurisdicional. Observe-se que, nos termos do art. 655, I e II, do CPC, a penhora observará, preferencialmente, dinheiro e, em seguida, veículos de vias terrestres. Logo, em cumprimento à referida ordem de preferência, no insucesso da utilização da ferramenta BACENJUD para a localização de ativos financeiros, é lícito ao exequente requerer ao juízo que promova a consulta via RENAJUD a respeito da possível existência de veículos automotores em nome do executado, revelando-se injustificável a recusa com esteio no singelo fundamento da ausência de comprovação do esgotamento de diligências na busca de bens penhoráveis. Sob outra perspectiva, é notório que os órgãos públicos, em sua grande maioria, como garantia de privacidade, não fornecem os dados cadastrais de particulares, o que torna difícil a obtenção da informação pretendida. Além disso, a busca realizada no DETRAN local não é capaz de verificar a existência de veículos em outros Estados da Federação, ao contrário da pesquisa pelo sistema RENAJUD, que atinge todo o país. Dessa forma, atualmente, com o aparato tecnológico posto a favor do Estado, a exigência de exaurimento das vias administrativas de busca bens do devedor se afigura verdadeiro mecanismo de procrastinação do andamento do feito, o que vai de encontro à efetiva prestação jurisdicional. **Ademais, o CNJ, atento às repercussões dos sistemas BACENJUD, RENAJUD e INFOJUD como importantes ferramentas que asseguram a razoável duração do processo judicial, editou a Recomendação 51/2015, cujo teor corrobora o entendimento exposto acima.** REsp 1.347.222-RS, Rel. Min. Ricardo Villas Bôas Cueva, julgado em 25/8/2015, DJe 2/9/2015.

Decisão monocrática confirmada pelo colegiado da 3ª Turma do STJ:

RECURSO ESPECIAL. PROCESSUAL CIVIL. CUMPRIMENTO DE SENTENÇA. **SISTEMA RENAJUD. CONSULTA. POSSIBILIDADE. EXAURIMENTO DE DILIGÊNCIAS PARA BUSCA DE BENS DO EXECUTADO. DESNECESSIDADE.**

1. Cinge-se a controvérsia a definir se é dado ao exequente solicitar ao Juízo a busca - pelo sistema RENAJUD - de informação acerca da existência de veículos de propriedade do executado, independentemente da comprovação do esgotamento das vias extrajudiciais para tal finalidade.

2. O RENAJUD é um sistema on-line de restrição judicial de veículos criado pelo Conselho Nacional de Justiça (CNJ), que interliga o Judiciário ao Departamento Nacional de Trânsito (Denatran) e permite consultas e envio, em tempo real, à base de dados do Registro Nacional de Veículos Automotores (Renavam) de ordens judiciais de restrições de veículos, inclusive registro de penhora.

3. Considerando-se que i) a execução é movida no interesse do credor, a teor do disposto no artigo 612 do Código de Processo Civil; ii) o sistema RENAJUD é ferramenta idônea para simplificar e agilizar a busca de bens aptos a satisfazer os créditos executados e iii) a utilização do sistema informatizado permite a maior

celeridade do processo (prática de atos com menor dispêndio de tempo e de recursos) e contribui para a efetividade da tutela jurisdicional, é lícito ao exequente requerer ao Juízo que promova a consulta via RENAJUD a respeito da possível existência de veículos em nome do executado, independentemente do exaurimento de vias extrajudiciais.

4. Recurso especial provido.

(REsp 1.347.222-RS, **3ª Turma**, julgado em 25/08/2015)

Frise-se que os sistemas informatizados trazem efetividade a diversos princípios processuais. Isso fica evidente ao levarmos em conta que os artigos 391 e 942, ambos do CC[1], 789, 797, 824, 799, III e 139, IV, todos do CPC[2], e 5º, XXXV e LXXXVIII, da Carta Fundamental[3], estabelecem que todos os bens do devedor respondem pelo inadimplemento de suas obrigações; bem como que a execução segue no interesse do

1. Art. 391. Pelo inadimplemento das obrigações respondem todos os bens do devedor. Art. 942. Os bens do responsável pela ofensa ou violação do direito de outrem ficam sujeitos à reparação do dano causado; e, se a ofensa tiver mais de um autor, todos responderão solidariamente pela reparação.
2. Art. 789. O devedor responde com todos os seus bens presentes e futuros para o cumprimento de suas obrigações, salvo as restrições estabelecidas em lei. Art. 797. Ressalvado o caso de insolvência do devedor, em que tem lugar o concurso universal, realiza-se a execução no interesse do exequente que adquire, pela penhora, o direito de preferência sobre os bens penhorados. Art. 824. A execução por quantia certa realiza-se pela expropriação de bens do executado, ressalvadas as execuções especiais. Art. 139. O juiz dirigirá o processo conforme as disposições deste Código, incumbindo-lhe: IV - determinar todas as medidas indutivas, coercitivas, mandamentais ou sub-rogatórias necessárias para assegurar o cumprimento de ordem judicial, inclusive nas ações que tenham por objeto prestação pecuniária;
3. Art. 5º Todos são iguais perante a lei, sem distinção de qualquer natureza, garantindo-se aos brasileiros e aos estrangeiros residentes no País a inviolabilidade do direito à vida, à liberdade, à igualdade, à segurança e à propriedade, nos termos seguintes: XXXV - a lei não excluirá da apreciação do Poder Judiciário lesão ou ameaça a direito; LXXVIII a todos, no âmbito judicial e administrativo, são assegurados a razoável duração do processo e os meios que garantam a celeridade de sua tramitação.

credor através da expropriação de bens do executado; que o juízo pode determinar medidas indutivas para assegurar o cumprimento da determinação judicial para pagamento; que é direito fundamental o acesso ao judiciário para afastar lesão de direito e; que o processo judicial deve ter duração razoável.

Qual a relevância da DOI para efetividade da jurisdição?

Além da potencial localização de bens imóveis de propriedade da parte executada, não é incomum identificação de fraude em alienações de imóveis através da DOI, onde constam o valor da alienação, o valor aproximado de mercado do bem (avaliação para fins fiscais/ITBI) e os nomes completos do alienante e do adquirente, viabilizando identificação comprovada da má-fé do terceiro adquirente nas hipóteses de alienação gratuita, a exemplo de doação (artigo 158, do CC) ou alienação onerosa do bem por menos de 50% do valor de mercado ou por valor consideravelmente inferior ao valor de mercado para parente (indício se comprador tiver o mesmo sobrenome do alienante).

A seguir serão aprofundados aspectos relacionados à fraude contra a execução e à fraude contra credores. Contudo, adiante-se que existem decisões do Tribunal Regional Federal da 4ª Região - TRF4 no sentido acima de que em alienação abaixo de 50% do valor de mercado resta comprovada a má-fé do terceiro adquirente.

Note-se que caso o TRF reconheça a má-fé do terceiro adquirente tal decisão não poderá ou ao menos não deveria ser revertida no âmbito do Superior Tribunal de Justiça - STJ (órgão para o qual poderia ser direcionado eventual recurso contra a decisão do TRF com base em lei federal), uma vez que se trata de fato (má-fé) e o STJ não analisa fatos, conforme sua súmula 7.

Assim, a DOI tem grande potencial de ajudar muito na efetividade da execução de quantia.

Quais informações devem constar no RENAJUD para viabilizar a penhora?

Nos casos de localização de bens via RENAJUD, através do sistema é possível identificar informações das restrições pendentes, a exemplo de alienação fiduciária, registros como compra e venda, furto ou roubo, veículo irrecuperável/perda total, bem como anos de fabricação e modelo do veículo.

A relevância deste ponto se dá por experiência prática do autor em juízos que não traziam as telas abaixo no resultado da utilização do sistema RENAJUD.

Veja-se que embora estas informações também constem na certidão do veículo junto ao DETRAN, como já dito em relação à desnecessidade de publicação de edital de citação em jornal local, o processo deve ser o mais célere e trazer o menor custo possível, conforme determina o princípio constitucional da tempestividade e economia processuais e direito fundamental do acesso à jurisdição (artigo 5º, respectivamente, LXXVIII e XXXV, da CF), postulados estes ressaltados em vários momentos na exposição de motivos do CPC de 2015, sendo que esta última deixa expresso que *"trata-se, portanto, de mais um passo decisivo para afastar os obstáculos para o acesso à Justiça, a que comumente se alude, isto é, a duração do processo, seu alto custo e a excessiva formalidade"*.

Dito isso, vejamos um exemplo:

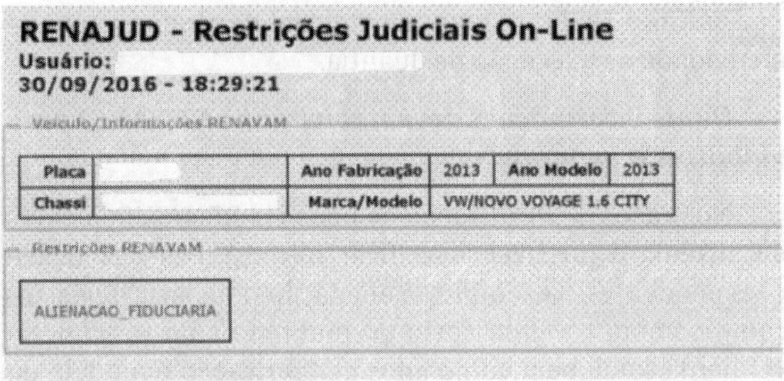

RENAJUD - Restrições Judiciais On-Line
Usuário:
30/09/2016 - 18:29:21

Veículo/Informações RENAVAM

Placa		Ano Fabricação	2013	Ano Modelo	2013
Chassi		Marca/Modelo	VW/NOVO VOYAGE 1.6 CITY		

Restrições RENAVAM

ALIENACAO_FIDUCIARIA

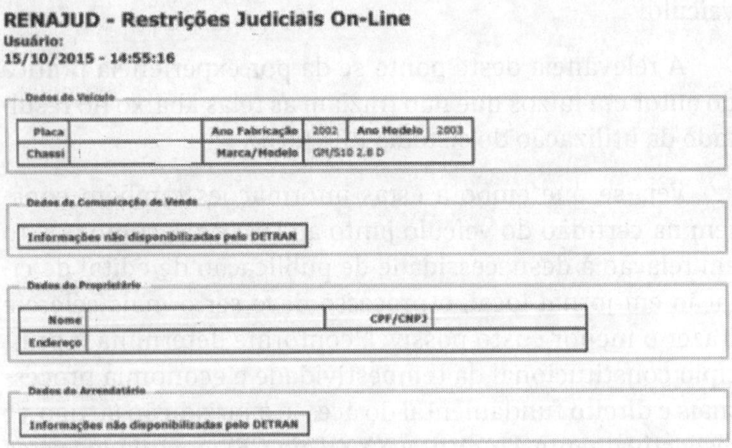

RENAJUD - Restrições Judiciais On-Line
Usuário:
15/10/2015 - 14:55:16

Dados do Veículo

Placa		Ano Fabricação	2002	Ano Modelo	2003
Chassi		Marca/Modelo	GM/S10 2.8 D		

Dados da Comunicação de Venda

Informações não disponibilizadas pelo DETRAN

Dados do Proprietário

Nome		CPF/CNPJ	
Endereço			

Dados do Arrendatário

Informações não disponibilizadas pelo DETRAN

Tais informações são indispensáveis para restrição judicial do bem, viabilizando identificar a ausência de proveito econômico decorrente como por exemplo em um veículo muito antigo, irrecuperável/perda total ou furtado/roubado e ainda não localizado.

Possibilita ainda verificar se é caso de penhora apenas de direitos (casos de alienação fiduciária pendente), ano do modelo para obtenção de tabela FIPE com valor de mercado e impossibilidade de penhora diante de propriedade de terceiros em casos de registro de compra e venda.

Encontrado veículo de propriedade da parte executada, como proceder?

Confirmado o atual registro pleno em nome do executado e que o veículo não foi furtado/roubado ou teve perda total (interesse prático na restrição judicial), sugere-se o seguinte:

A tabela FIPE serve de avaliação, conforme determina o artigo 871, IV, do mesmo CPC[4]. Logo, requerer a expedição de mandado para que oficial de justiça confirme a propriedade/localização/penhora e verifique do estado de conservação do bem, bem como intimação da parte executada da restrição judicial.

A penhora também pode ser feita por termo nos autos após certificada a propriedade da parte executada, conforme determina artigo 845, § 1º, do CPC[5]. Contudo, como já será expedido mandado para o oficial de justiça confirmar a propriedade e a localização e o estado do veículo, pertinente que este também efetive a penhora.

A intimação da penhora também pode ocorrer pelo correio, conforme determina o artigo 274, do CPC, ressaltando-se aqui o contido no parágrafo único do dispositivo legal[6].

---

4. Art. 871. Não se procederá à avaliação quando: IV - se tratar de veículos automotores ou de outros bens cujo preço médio de mercado possa ser conhecido por meio de pesquisas realizadas por órgãos oficiais ou de anúncios de venda divulgados em meios de comunicação, caso em que caberá a quem fizer a nomeação o encargo de comprovar a cotação de mercado.

5. Art. 845. Efetuar-se-á a penhora onde se encontrem os bens, ainda que sob a posse, a detenção ou a guarda de terceiros. § 1º A penhora de imóveis, independentemente de onde se localizem, quando apresentada certidão da respectiva matrícula, e a penhora de veículos automotores, quando apresentada certidão que ateste a sua existência, serão realizadas por termo nos autos.

6. Art. 274. Não dispondo a lei de outro modo, as intimações serão feitas às partes, aos seus representantes legais, aos advogados e aos demais sujeitos do processo pelo correio ou, se presentes em cartório, diretamente

Contudo, novamente oportuno que seja efetivada pelo oficial de justiça.

O registro da penhora ocorre via RENAJUD.

Feito isso, devida designação de leilão para alienação judicial.

É sempre o embargado que dá causa à embargos de terceiros? No que consiste o princípio da causalidade? Existe previsão legal e jurisprudência a respeito?

Este postulado estabelece que responde pelo ônus sucumbencial do processo judicial quem a ele deu causa e não, necessariamente a parte "perdedora".

O princípio da causalidade, hoje previsto expressamente no CPC para casos de perda de objeto[7], há muito tempo é encampado pelo Superior Tribunal de Justiça – STJ[8].

Na recuperação de crédito temos casos comum de aplicação deste princípio. Passo a trazer um exemplo:

Não raras vezes são penhorados veículos considerando não sua posse, mas a propriedade constante no registro público de veículos automotores (DETRAN), registro esse vinculado com o sistema RENAJUD.

Também não raras vezes nesta situação o credor exequente após a penhora vira embargado em embargos de

---

pelo escrivão ou chefe de secretaria. Parágrafo único. Presumem-se válidas as intimações dirigidas ao endereço constante dos autos, ainda que não recebidas pessoalmente pelo interessado, se a modificação temporária ou definitiva não tiver sido devidamente comunicada ao juízo, fluindo os prazos a partir da juntada aos autos do comprovante de entrega da correspondência no primitivo endereço.

7. Art. 85. A sentença condenará o vencido a pagar honorários ao advogado do vencedor. § 10. Nos casos de perda do objeto, os honorários serão devidos por quem deu causa ao processo.
8. Súmula 303, STJ: Em embargos de terceiro, quem deu causa à constrição indevida deve arcar com os honorários advocatícios.

terceiro onde é comprovado negócio jurídico não registrado do terceiro embargante com o devedor executado.

Como se dá a transferência da propriedade de bens móveis?

Os bens móveis, diversamente dos bens imóveis, se transferem com a tradição, conforme determina o artigo 1.267, do CC[9]. Por isso a sugestão anterior de expedição de mandado para que oficial de justiça confirme a propriedade de veículo localizado via RENAJUD. Com efeito, comprovado o negócio jurídico do 3º embargante com o devedor executado e a tradição/entrega do veículo, resta inviabilizada a penhora do bem. Procedentes, portanto, os embargos de terceiro.

Existe previsão legal impondo o registro da transferência da propriedade de veículos?

Contudo, neste caso o terceiro embargante não cumpriu sua obrigação legal para transferência do bem junto ao DETRAN, nos moldes da Lei nº. 9.503/97 (Código de Trânsito Brasileiro)[10]. Além disso, conforme artigo 233, do CTB, é infração de trânsito a não efetivação do registro[11] e tais informações constam no DUT do veículo, conforme exemplo que segue:

---

9. Art. 1.267. A propriedade das coisas não se transfere pelos negócios jurídicos antes da tradição.

10. Art. 123. Será obrigatória a expedição de novo Certificado de Registro de Veículo quando: I - for transferida a propriedade; § 1º No caso de transferência de propriedade, o prazo para o proprietário adotar as providências necessárias à efetivação da expedição do novo Certificado de Registro de Veículo é de trinta dias, sendo que nos demais casos as providências deverão ser imediatas.

11. Art. 233. Deixar de efetuar o registro de veículo no prazo de trinta dias, junto ao órgão executivo de trânsito, ocorridas as hipóteses previstas no art. 123: Infração - grave; Penalidade - multa; Medida administrativa - retenção do veículo para regularização.

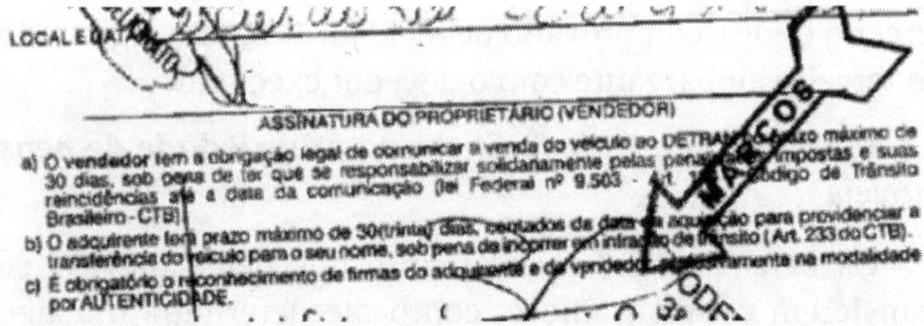
LOCAL E DATA

ASSINATURA DO PROPRIETÁRIO (VENDEDOR)

a) O vendedor tem a obrigação legal de comunicar a venda do veículo ao DETRAN [illegible] prazo máximo de 30 dias, sob pena de ter que se responsabilizar solidariamente pelas penalidades impostas e suas reincidências até a data da comunicação (lei Federal nº 9.503 - Art. [illegible] Código de Trânsito Brasileiro - CTB).

b) O adquirente tem prazo máximo de 30(trinta) dias, contados da data da aquisição para providenciar a transferência do veículo para o seu nome, sob pena de incorrer em infração de trânsito (Art. 233 do CTB).

c) É obrigatório o reconhecimento de firmas do adquirente e do vendedor [illegible] na modalidade por AUTENTICIDADE.

Qual é então a consequência da ausência de registro nestes casos?

Frise-se que nos negócios de transferência de veículos as partes têm obrigação legal de registrar no prontuário desse junto ao DETRAN a alteração da propriedade, sob pena de assumirem o risco de eventuais prejuízos causados a elas por terceiros que se basearem na informação que lhes estava disponível no prontuário do veículo.

Caso assim não fosse, se desprestigiaria a legislação em comento que serve, entre outros fundamentos, justamente, para levar a conhecimento de terceiros a atual propriedade do veículo automotor.

Neste contexto todo, quem deu causa ao ajuizamento dos embargos de terceiro?

Aponte-se que o credor/exequente considerou o registro público do bem para buscar a restrição judicial. Ele não deu causa aos embargos de terceiro. Foi o próprio terceiro embargante que o fez ao não registrar a transferência do bem no registro público competente, inclusive desrespeitando previsão legal para tanto.

Assim, neste caso quem deve ser condenado ao ônus sucumbencial é o próprio terceiro embargante, não obstante seja o "vencedor" da ação. Neste sentido precedente vinculante da 1ª Seção do STJ, no REsp Nº 1.452.840 – SP, afetado como repetitivo representativo da controvérsia – tema 872 e outros precedentes persuasivos:

PROCESSUAL CIVIL. **RECURSO REPRESENTATIVO DE CONTROVÉRSIA**. EXECUÇÃO FISCAL. **EMBARGOS DE TERCEIRO**. DESCONSTITUIÇÃO DE PENHORA. OFENSA AO ART. 535 DO CPC/1973 NÃO CONFIGURADA. **DISTRIBUIÇÃO DOS HONORÁRIOS ADVOCATÍCIOS. PRINCÍPIO DA CAUSALIDADE**.

1. A solução integral da controvérsia, com fundamento suficiente, não caracteriza ofensa ao art. 535 do CPC/1973.

2. "É admissível a oposição de Embargos de Terceiro fundados em alegação de posse advinda do compromisso de compra e venda de imóveis, ainda que desprovido do registro" (Súmula 84/STJ).

3. A sucumbência, para fins de arbitramento dos honorários advocatícios, tem por norte a aplicação do princípio da *causalidade*. Nesse sentido, a **Súmula 303/STJ** dispôs especificamente: "Em embargos de terceiro, quem deu causa à constrição indevida deve arcar com os honorários advocatícios".

4. O adquirente do imóvel, ao não providenciar a transcrição do título na repartição competente, expõe o bem à indevida constrição judicial em demandas ajuizadas contra o antigo proprietário. As diligências realizadas pelo oficial de Justiça ou pela parte credora, destinadas à localização de bens, no caso específico daqueles sujeitos a registro (imóveis, veículos), são feitas mediante consulta aos Cartórios de Imóveis (Detran, no caso de veículos), razão pela qual a desatualização dos dados cadastrais fatalmente acarretará a efetivação da indevida penhora sobre o bem.

5. Nessas condições, não é lícito que a omissão no cumprimento de um dever legal implique, em favor da parte negligente, que esta deve ser considerada vencedora na demanda, para efeito de atribuição dos encargos de sucumbência.

6. Conforme expressamente concluiu a Corte Especial do STJ, por ocasião do julgamento dos Embargos de

Divergência no REsp 490.605/SC: "Não pode ser responsabilizado pelos honorários advocatícios o credor que indica à penhora imóvel transferido a terceiro mediante compromisso de compra e venda não registrado no Cartório de Imóveis. Com a inércia do comprador em proceder ao registro não havia como o exequente tomar conhecimento de uma possível transmissão de domínio"

7. Para os fins do art. 1040 do CPC/2015 (antigo art. 543-C, § 7º, do CPC/1973), consolida-se a seguinte tese: "Nos Embargos de Terceiro cujo pedido foi acolhido para desconstituir a constrição judicial, os **honorários advocatícios serão arbitrados com base no princípio da *causalidade*, responsabilizando-se o atual proprietário (embargante), se este não atualizou os dados cadastrais**. Os encargos de sucumbência serão suportados pela parte embargada, porém, na hipótese em que esta, depois de tomar ciência da transmissão do bem, apresentar ou insistir na impugnação ou recurso para manter a penhora sobre o bem cujo domínio foi transferido para terceiro".

8. Precedentes: AgRg no REsp 1.282.370/PE, Rel. Ministro Benetido Gonçalves, Primeira Turma, DJe 06/03/2012; EDcl nos EDcl no REsp 375.026/PR, Rel. Ministro Carlos Fernando Mathias (Juiz Federal convocado do TRF 1ª Região), Segunda Turma, DJe 15/04/2008; REsp 724.341/MG, Rel. Ministra Denise Arruda, Primeira Turma, DJ 12/11/2007, p. 158; AgRg no REsp 462.647/SC, Rel. Ministro Castro Meira, SEGUNDA TURMA, DJ 30/08/2004, p. 244.

9. Na hipótese dos autos, o Tribunal de origem concluiu que "a Fazenda Nacional, ao se opor à pretensão do terceiro embargante, mesmo quando cristalinas as provas de sua posse sobre o imóvel constrito, atraiu para si a aplicação do princípio da *sucumbência* ".

10. Recurso Especial desprovido. Acórdão submetido ao julgamento no rito do art. 1036 do CPC/2015 (antigo art. 543-C do CPC/1973).

(RECURSO ESPECIAL Nº 1.452.840 - SP, RELATOR MINISTRO HERMAN BENJAMIN, **1ª Seção**, Data de publicação: 5/10/2016) (grifos nossos)

Precedentes da súmula 303, do STJ, relacionados especificamente à obrigação do 3º adquirente de registro de transferência da propriedade do bem penhorado nos órgãos competentes:

PROCESSUAL CIVIL. EMBARGOS DE TERCEIRO PROCEDENTES. HONORÁRIOS. PRINCÍPIO DA CAUSALIDADE.

1. Os ônus sucumbenciais subordinam-se ao princípio da causalidade: devem ser suportados por quem deu causa à instauração do processo. **Por isso, a parte que deixa de registrar transferência de propriedade de veículo levado à penhora não pode se beneficiar com a condenação da parte contrária aos ônus sucumbenciais e honorários advocatícios**. Precedentes: ERESP 490.605/SC, Corte Especial, Min. Antônio de Pádua Ribeiro, DJ de 20.09.2004; RESP 604.614/RS, 1ª Turma, DJ de 29.11.2004.

2. Recurso especial a que se dá provimento.

(RESP - RECURSO ESPECIAL – 654909 Processo: 200400515473 UF: PR Órgão Julgador: 1ª TURMA Data da decisão: 07/03/2006) (grifos nossos)

PROCESSUAL CIVIL. EMBARGOS DE TERCEIROS. PENHORA DE AÇÕES VINCULADAS A TERMINAL TELEFÔNICO (CRT). TRANSFERÊNCIA POR MEIO DE PROCURAÇÃO EM CAUSA PRÓPRIA. NEGÓCIO JURÍDICO DE COMPRA E VENDA DAS AÇÕES NÃO LEVADA A REGISTRO. AUSÊNCIA DE REGISTRO POR PARTE DO CONTRIBUINTE, CAUSADORA DO AJUIZAMENTO DA EXECUÇÃO FISCAL. HONORÁRIOS ADVOCATÍCIOS. APLICAÇÃO DO PRINCÍPIO DA CAUSALIDADE. PRECEDENTES.

1. É vasta e remansosa a jurisprudência do Superior Tribunal de Justiça no sentido de o princípio da sucumbência, adotado pelo art. 20, do CPC, encontrar-se

contido no princípio da causalidade, segundo o qual aquele que deu causa à instauração do processo deve arcar com as despesas dele decorrentes.

2. In casu, se a execução fiscal foi proposta em razão de o recorrido não ter levado a registro a compra de ações, o que caracterizaria a sua propriedade, resguardado por presunção legal de publicidade, a ele incumbem os ônus sucumbenciais.

3. Precedentes de todas as Turmas desta Corte Superior.

4. Recurso provido.

(REsp 525473 / RS, 1ª TURMA, DJ 13/10/2003 p. 279)

PROCESSUAL CIVIL - RECURSO ESPECIAL - PENHORA - EMBARGOS DE TERCEIRO - COMPROMISSO DE COMPRA E VENDA DE IMÓVEL NÃO-REGISTRADO - HONORÁRIOS ADVOCATÍCIOS - PRINCÍPIO DA CAUSALIDADE.

1. Não deve sofrer condenação em honorários de sucumbência, o exequente que fez incidir penhora sobre imóvel transferido a terceiro mediante compromisso de venda não registrado. Em tal caso, o comprador foi desidioso em não providenciando o registro e, por isso, tornou necessária a oposição de embargos de terceiros.

2. O princípio da causalidade impõe interpretação equitativa, do preceito contido no Art. 20 do CPC.

(REsp 439573 / SC, 1ª TURMA, DJ 29/09/2003 p. 148)

Recurso especial. Processual civil. Imóvel. Contrato de compra e venda não-registrado. Penhora. Embargos de terceiro. Consectários da sucumbência. Princípio da causalidade. O princípio da causalidade não se contrapõe ao princípio da sucumbência. Antes, é este um dos elementos norteadores daquele, pois, de ordinário, o sucumbente é considerado responsável pela instauração do processo e, assim, condenado nas despesas processuais. O princípio da sucumbência, contudo, cede lugar quando, embora vencedora, a parte deu causa à instauração da lide. Se o credor indicou à penhora imóvel objeto de contrato de compra e venda não registrado, é iniludível que a necessidade do ajuizamento dos embargos de terceiro pelo adquirente é resultado da desídia deste em não promover o registro, providência que a par da publicidade do ato poderia evitar a indesejada constrição patrimonial, haja vista a eficácia erga omnes dos atos submetidos a registro. Assim, face ao princípio da causalidade, cabe aos

terceiro-embargante, adquirente do imóvel, arcar com os consectários da sucumbência.

(REsp 303597 / SP, 3ª TURMA, DJ 11/06/2001 p. 209)

EMBARGOS DE TERCEIRO. SUCUMBENCIA. SE OS LOTES INDICADOS A PENHORA ACHAVAM-SE INSCRITOS NO REGISTRO DE IMOVEIS EM NOME DA EMPRESA EXECUTADA, NÃO DANDO O EMBARGADO, POIS,

CAUSA DE MODO OBJETIVAMENTE INJURIDICO AOS EMBARGOS, DEVENDO-SE ANTES A CONSTRIÇÃO A DESIDIA DO EMBARGANTE, QUE NÃO DILIGENCIOU A TRANSCRIÇÃO DOS TITULOS, NÃO LHE PODEM SER IMPOSTOS OS ONUS SUCUMBENCIAIS. A JUSTIFICATIVA DO PRINCIPIO DA SUCUMBENCIA ESTA NA CAUSALIDADE. RECURSO NÃO CONHECIDO.

(REsp 70401 / RS, 3ª TURMA, DJ 09/10/1995 p. 33560)

EMBARGOS DE TERCEIRO. Honorários. Partilha não registrada. Reconhecido que o imóvel ocou à mulher quando do divórcio, foi cancelada a penhora na execução promovida contra o ex-marido. Porém, o embargado não deve ser condenado a pagar honorários ao patrono da embargante, uma vez que a falta do registro da partilha - que se deve ao desinteresse da embargante - permitiu fosse efetivada a penhora. Princípio da causalidade. Precedentes. Recurso não conhecido.

(REsp 472375 / RS, 4ª TURMA, DJ 22/04/2003 p. 235)

É cabível contestação de mérito com aplicação subsidiária do princípio da causalidade?

Ressalte-se que para a 1ª Seção do STJ no RESP 1.452.840 - SP, julgado sob o rito dos recursos repetitivos, transcrito acima, a aplicação do postulado da causalidade exige que quem não deu causa à ação não combata o mérito do feito.

Vejamos novamente o precedente do STJ no trecho específico:

> "... Os encargos de sucumbência serão suportados pela parte embargada, porém, na hipótese em que esta, depois de tomar ciência da transmissão do bem, **apresentar ou insistir na impugnação ou recurso para manter a penhora** sobre o bem cujo domínio foi transferido para terceiro".
>
> ..."

É possível a renovação dos JUDs? Quais os requisitos?

Importante frisar novamente que a execução judicial busca atender aos interesses do credor com a expropriação de bens do devedor, conforme impõem os artigos 797 e 824, do CPC, não podendo o juízo impedir a tentativa de penhora de bens e direitos, ainda mais quando se tratar de uma das últimas alternativas do credor.

Destaque-se que a utilização dos sistemas BACENJUD, RENAJUD e INFOJUD pela segunda vez, mais ou menos 1 ano após a citação, tem mais probabilidade de êxito do que na primeira, que, geralmente, ocorre em curto período após a citação.

Isso porque, em curto período após a citação, há grande probabilidade de que o devedor se veja na iminência de ter seus bens expropriados judicialmente e se desfaça de seu patrimônio. Neste sentido, pela 3ª vez vide trecho esclarecedor de texto extrato da palestra proferida em 18.06.15 no II Congresso de Direito Processual Civil de Campo Grande – MS pelo jurista Marcelo Abelha Rodrigues, publicado terça-feira, 4 de outubro de 2016 (extraído do site migalhas - http://www.migalhas.com.br/dePeso/16,MI246666,81042-O+momento+de+realizacao+da+penhora+online+dos+ativos+financeiros+do).

Já mais ou menos 1 ano após a citação, a probabilidade é que aquele devedor que havia se desfeito de seus bens, já tenha voltado a constituir seu patrimônio.

Importante frisar, ainda, que o fundamento de indeferimento dos BACENJUD, RENAJUD e INFOJUD pela segunda vez, no sentido de que é necessário trazer aos autos indícios de alteração da situação patrimonial do devedor, torna praticamente impossível as novas diligências de pesquisas informatizadas de bens pelo juízo.

Afinal como o credor comprovará estes indícios? Observe-se que os meios para identificação desta alteração da situação patrimonial do devedor são justamente os sistemas informatizados a disposição da jurisdição. Não existem medidas a disposição do credor, sem participação do Poder Judiciário, para verificação de que o devedor teve alterada sua situação patrimonial, se não as pesquisas de bens no CRI e no Detran, que além de trazerem custo desnecessário para a execução, se limitam à existência de bens imóveis e veículos, respectivamente, no município e no estado de seu último domicílio.

Note-se que, por aplicação dos postulados do prosseguimento da execução no interesse do credor (artigos 797 e 824, do CPC), do acesso à jurisdição (artigo 5º, XXXV, da CEF), da razoabilidade, entre outros, impõem-se a realização de pesquisas de bens que só estão à disposição do Poder Judiciário, desde que já tenha decorrido um tempo razoável desde a última vez em que realizadas.

Conclui-se que este tempo seria de 1 ano. Com efeito, decorrido mais de 1 ano da realização dos BACENJUD, RENAJUD e INFOJUD nos autos, uma vez instado para tanto pela parte exequente, o juízo deve realizar novamente as pesquisas de bens em apreço.

Existe jurisprudência a respeito?

Na linha da argumentação acima, pelo deferimento da nova realização das pesquisas nos sistemas informatizados à disposição do Poder Judiciário após um ano, temos diversos precedentes tanto da 2ª como da 1ª Turma do Superior Tribunal de Justiça – STJ (turmas de direito público, componentes da 1ª Seção):

> PROCESSUAL CIVIL E TRIBUTÁRIO. INEXISTÊNCIA DE VIOLAÇÃO DO ART. 535 DO CPC. EXECUÇÃO FISCAL. **PENHORA VIA SISTEMA BACENJUD. REITERAÇÃO DE PEDIDO. POSSIBILIDADE. PRINCÍPIO DA RAZOABILIDADE.**
>
> (...)
>
> 2. Discute-se nos autos sobre a possibilidade de reiteração do pedido de constrição on line, considerando a existência de anteriores tentativas de bloqueio infrutíferas.
>
> 3. Esta Corte já se pronunciou no sentido da **possibilidade de reiteração do pedido de penhora via sistema BACENJUD, desde que observado o princípio da razoabilidade** a ser analisado caso a caso. Precedente: REsp 1199967/MG, Rel. Min. Herman Benjamin, Segunda Turma, DJe de 4.2.2011.
>
> 4. Na espécie, o Tribunal de origem negou o pedido da Fazenda de reiteração da penhora on line, por entender que houve duas tentativas de bloqueio infrutíferas, sendo que a última havia sido deferida há pouco tempo. Asseverou, ademais, que a recorrente não trouxe qualquer fato novo que autorizasse a renovação da

diligência. Nesta via recursal, a parte recorrente alega que o dinheiro é contemplado pela legislação como garantia preferencial no processo de execução, posicionado em primeiro lugar na ordem legal, sendo a penhora via BACENJUD um meio que possui preferência em relação à outras modalidades de constrição. De outro lado, afirma que entre o requerimento da diligência e a decisão denegatória do pedido, passaram-se mais de um ano.

5. Não há falar em abuso ou excesso a impedir a reiteração do pedido de constrição *on line*, na hipótese em que **ultrapassado mais de um ano do requerimento da diligência anterior**.

6. Recurso especial parcialmente provido.

(REsp 1267374/PR, Rel. Ministro MAURO CAMPBELL MARQUES, **2ª TURMA**, julgado em 07/02/2012, DJe 14/02/2012) (grifos nossos)

AGRAVO REGIMENTAL NO AGRAVO EM RECURSO ESPECIAL. PROCESSUAL CIVIL. PENHORA ELETRÔNICA. **SISTEMA BACENJUD. DILIGÊNCIA INFRUTÍFERA. PEDIDO DE REITERAÇÃO. POSSIBILIDADE, DESDE QUE OBSERVADO O PRINCÍPIO DA RAZOABILIDADE. PRECEDENTES: RESP. 1.488.836/SC; AGRG NO RESP. 1.408.333/SC E AGRG NO ARESP. 147.499/AC**. AGRAVO REGIMENTAL DE INSTITUTO NACIONAL DE METROLOGIA, QUALIDADE E TECNOLOGIA - INMETRO A QUE SE NEGA PROVIMENTO. 1. A reiteração do pedido de penhora eletrônica, via sistema Bacenjud, não atende ao princípio da razoabilidade quando se deixa de demonstrar modificação na situação econômico-financeira do executado. 2. Também se admite nova consulta quando, embora não demonstrada estritamente alteração na situação financeira do executado, constata-se o **transcurso de prazo razoável**, haja vista que, com o decurso do tempo, **afigura-se legítimo indagar sobre modificações na sua situação financeira**. 3. Precedentes: REsp. 1.488.836/SC, Rel. Min. HERMAN BENJAMIN, DJe 5.12.2014; AgRg no REsp. 1.408.333/SC,

Rel. Min. SÉRGIO KUKINA, DJe 17.12.2013; e AgRg no AREsp. 147.499/AC, Rel. Min. BENEDITO GONÇALVES, DJe 23.5.2012. 4. Agravo Regimental de INSTITUTO NACIONAL DE METROLOGIA, QUALIDADE E TECNOLOGIA - INMETRO a que se nega provimento. ..EMEN: (AGARESP 201401930445, NAPOLEÃO NUNES MAIA FILHO, STJ – **1ª TURMA**, DJE DATA:16/11/2015 ..DTPB:.) (grifos nossos)

Ainda sobre o deferimento da renovação das medidas após 1 ano, temos a súmula de jurisprudência dominante nº. 81, editada em 24/06/2016, pelo TRF da 4ª Região[12] e diversos precedentes do mesmo regional, a exemplo do AI n. 5029164-19.2013.404.0000, 18/02/2014, AG 0011531-17.2012.404.0000, 4ª Turma, D.E. 26/02/2013, do AI n. 5023347-71.2013.404.0000, 27/02/2014, do AI n. 5020406-51.2013.404.0000/PR, 13/11/2013, do AG 0004365-02.2010.404.0000, 4ª Turma, D.E. 28/06/2010.

No mesmo diapasão, também com menção expressa ao prazo razoável de 1 ano, TRF da 1ª Região, a exemplo do AG 00250866120074010000, 8ª Turma, e-DJF1, data: 05/12/2014, página: 3183.

12. Súmula nº 81 - O transcurso de lapso temporal razoável superior a um ano é fundamento para a renovação do pedido de penhora *on line* via BACENJUD.

12

FRAUDE CONTRA A EXECUÇÃO E FRAUDE CONTRA CREDORES

Quais são as hipóteses de fraude à execução?

Conforme determina o artigo 792, IV, do Código de Processo Civil - CPC[1], uma das hipóteses de fraude contra a execução se dá quando a ré ou a executada em processo judicial capaz de ensejar sua insolvência aliena ou onera bens de sua propriedade.

Quais são os requisitos para caracterização da fraude prevista no inciso IV, do artigo 792, do CPC?

Com efeito, poder-se-ia estabelecer que seriam 3 os requisitos legais para caracterização desta hipótese de fraude contra a execução: **1)** existência de demanda judicial de cobrança; **2)** alienação ou oneração de patrimônio a terceiros e; **3)** não reservar bens suficientes para satisfação da dívida objeto da cobrança judicial (alienação que gera insolvência).

Ocorre que o CPC de 2015 positivou o § 2º, do artigo 792 (sem correspondência no CPC/73), atribuindo ao adquirente o ônus de provar que a aquisição não se deu com má-fé apenas em casos de *"bem não sujeito à registro"*.

---

1. Art. 792. A alienação ou a oneração de bem é considerada fraude à execução: IV - quando, ao tempo da **alienação ou** da **oneração**, **tramitava contra o devedor ação** capaz de reduzi-lo à **insolvência**; (grifos nossos)

Interpretando a *contrário sensu* o disposto legal (§ 2º, do artigo 792, do CPC) conclui-se que na hipótese de *bem sujeito a registro* o ônus de comprovar a má-fé do terceiro adquirente é da parte exequente, legitimando parcialmente o entendimento sumulado no enunciado 375, do STJ[2] (neste sentido para imóveis temos ainda a previsão na Lei nº 13.097/2015, em seu artigo 54[3]).

Com efeito, temos um quarto requisito para reconhecimento da fraude contra a execução prevista no inciso IV para bens sujeitos a registro, qual seja, **4)** comprovação da má-fé do terceiro adquirente.

A partir de qual momento podemos afirmar que tramita ação judicial?

Processos judiciais tramitam desde a distribuição da petição inicial. Tanto é assim que a partir desse momento (distribuição), qualquer cidadão pode ter ciência da demanda

---

2. Súmula 375 - O reconhecimento da fraude à execução depende do registro da penhora do bem alienado ou da prova de má-fé do terceiro adquirente.
3. Art. 168. Esta Lei entra em vigor: II - 30 (trinta) dias após a sua publicação, em relação aos arts. 54 a 62; Art. 54. Os negócios jurídicos que tenham por fim constituir, transferir ou modificar direitos reais sobre imóveis são eficazes em relação a atos jurídicos precedentes, nas hipóteses em que não tenham sido registradas ou averbadas na matrícula do imóvel as seguintes informações: II - averbação, por solicitação do interessado, de constrição judicial, do ajuizamento de ação de execução ou de fase de cumprimento de sentença, procedendo-se nos termos previstos do art. 615-A da Lei no 5.869, de 11 de janeiro de 1973 - Código de Processo Civil; IV - averbação, mediante decisão judicial, da existência de outro tipo de ação cujos resultados ou responsabilidade patrimonial possam reduzir seu proprietário à insolvência, nos termos do inciso II do art. 593 da Lei no 5.869, de 11 de janeiro de 1973 - Código de Processo Civil. Parágrafo único. **Não poderão ser opostas situações jurídicas não constantes da matrícula no Registro de Imóveis**, inclusive para fins de evicção, **ao terceiro de boa-fé que adquirir ou receber em garantia direitos reais sobre o imóvel**, ressalvados o disposto nos arts. 129 e 130 da Lei no 11.101, de 9 de fevereiro de 2005, e as hipóteses de aquisição e extinção da propriedade que independam de registro de título de imóvel.

judicial através de certidão de distribuição com indicação do nome e número do cadastro de pessoa física – CPF ou do cadastro nacional de pessoa jurídica – CNPJ da parte.

Bom que se diga que em alguns órgãos do Poder Judiciário tal certidão de distribuição pode inclusive ser obtida *on line* sem qualquer custo, como é o caso da Justiça Federal das 4ª e 3ª Regiões, bem como da Justiça Estadual de São Paulo[4].

Consequentemente, o CPC não traz como requisito para reconhecimento da fraude contra a execução em questão a citação válida.

Qual a posição do STJ a respeito?

Em que pese a ausência de previsão legal neste sentido, o Superior Tribunal de Justiça – STJ consolidou, sob o rito dos recursos repetitivos (artigo 1.036, do CPC), portanto, em precedente de observância obrigatória, entendimento em sentido diverso, exigindo a citação válida para reconhecimento da fraude à execução prevista no artigo 792, IV, do CPC.

> Vejamos o precedente do STJ:
>
> PROCESSO CIVIL. RECURSO REPETITIVO. **ART. 543-C DO CPC.** FRAUDE DE EXECUÇÃO. EMBARGOS DE TERCEIRO. SÚMULA N. 375/STJ. **CITAÇÃO VÁLIDA. NECESSIDADE. CIÊNCIA DE DEMANDA CAPAZ DE LEVAR O ALIENANTE À INSOLVÊNCIA.** PROVA. ÔNUS DO CREDOR. REGISTRO DA PENHORA. ART. 659, § 4º, DO CPC. PRESUNÇÃO DE FRAUDE. ART. 615-A, § 3º, DO CPC.
>
> 1. Para fins do art. 543-c do CPC, firma-se a seguinte orientação:

---

4. http://www2.trf4.jus.br/trf4/processos/certidao/index.php
http://web.trf3.jus.br/certidao/Certidao
https://esaj.tjsp.jus.br/sco/abrirCadastro.do

1.1. **É indispensável citação válida para configuração da fraude de execução**, ressalvada a hipótese prevista no § 3º do art. 615-A do CPC.

1.2. O reconhecimento da fraude de execução depende do registro da penhora do bem alienado ou da prova de má-fé do terceiro adquirente (Súmula n. 375/STJ).

1.3. A presunção de boa-fé é princípio geral de direito universalmente aceito, sendo milenar a parêmia: a boa-fé se presume; a má-fé se prova.

1.4. Inexistindo registro da penhora na matrícula do imóvel, é do credor o ônus da prova de que o terceiro adquirente tinha conhecimento de demanda capaz de levar o alienante à insolvência, sob pena de tornar-se letra morta o disposto no art. 659, § 4º, do CPC.

1.5. Conforme previsto no § 3º do art. 615-A do CPC, presume-se em fraude de execução a alienação ou oneração de bens realizada após a averbação referida no dispositivo.

2. Para a solução do caso concreto:

2.1. Aplicação da tese firmada.

2.2. Recurso especial provido para se anular o acórdão recorrido e a sentença e, consequentemente, determinar o prosseguimento do processo para a realização da instrução processual na forma requerida pelos recorrentes.

(REsp nº 956943 / PR, CE - CORTE ESPECIAL, DJe 01/12/2014) (grifos nossos)

É indispensável a comprovação da insolvência da parte executada?

A insolvência do devedor é presumida, conforme já decidiu a 2ª Seção do STJ:

AÇÃO RESCISÓRIA. DOCUMENTO NOVO. NÃO CARACTERIZAÇÃO. DOLO DA PARTE VENCEDORA. RECONHE-

CIMENTO. AÇÃO RESCISÓRIA JULGADA PROCEDENTE. REJULGAMENTO DO RECURSO. **FRAUDE À EXECUÇÃO. INSOLVÊNCIA DO DEVEDOR. PRESUNÇÃO RELATIVA À LUZ DO ART. 593, II, CPC. ÔNUS DA PROVA.** ACÓRDÃO RECORRIDO ASSENTADO NA AUSÊNCIA DE PROVA DA SOLVÊNCIA DO DEVEDOR. CORRETA APLICAÇÃO DO ART. 593, II, DO CPC.

1. A dicção do inciso VII do art. 485 do CPC induz a que o documento novo apto a aparelhar a ação rescisória há de ser preexistente à decisão rescindenda, mas ignorado pelo interessado ou impossível de obtenção para utilização no processo e capaz, por si só, de assegurar-lhe pronunciamento favorável.

2. Configura o dolo processual previsto no inciso III do art. 485 do CPC a violação voluntária pela parte vencedora do dever de veracidade previsto no art. 17, II, CPC, que induza o julgador a proferir decisão reconhecendo-lhe um falso direito.

3. A presunção de fraude estabelecida pelo inciso II do art. 593 do CPC beneficia o autor ou exequente, transferindo à parte contrária o ônus da prova da não ocorrência dos pressupostos caracterizadores da fraude de execução. Precedente da Segunda Seção: AR n. 3.307/SP.

4. Tendo as instâncias ordinárias reconhecido a ausência de prova de solvência do executado que alienou bem imóvel após sua citação válida em processo executivo, **correto o reconhecimento da fraude à execução.**

5. Ação rescisória julgada procedente.

(STJ, AR 3785 / RJ, AÇÃO RESCISÓRIA 2007/0140776-3, Relator: Ministro JOÃO OTÁVIO DE NORONHA, Órgão Julgador: **S2 - SEGUNDA SEÇÃO**, Data da publicação/fonte: DJe 10/03/2014) (grifos nossos)

Não obstante, é pertinente sua demonstração ao juízo, já que geralmente quando existe alegação de fraude contra execução já foram esgotadas as pesquisas de bens penhoráveis da parte executada sem sucesso.

Patrimônio impenhorável deve ser considerado para caracterização da solvência do devedor?

Note-se que a propriedade do executado sobre bem impenhorável, por exemplo bem de família, não é hábil para afastar sua insolvência, já que tal bem não gera potencial econômico ao credor.

Apenas o registro da restrição judicial comprova a má-fé do terceiro adquirente ou esta comprovação é possível por outros meios?

Pela comprovação da má-fé do terceiro adquirente por outros meios que não o registro vide enunciado 149 da II Jornada de Direito Processual Civil do Conselho da Justiça Federal[5]. Referida Jornada de Direito Processual Civil contou com a participação de diversos juristas renomados e Ministros do STJ, razão pela qual os enunciados ali aprovados, embora não tenham força vinculante, são sem sombra de dúvidas um norte que deve ser considerado pelos operadores do direito.

Como adiantado acima quando tratada a relevância da declaração de operações imobiliárias – DOI para a efetividade da jurisdição, resta comprovada a má-fé do terceiro adquirente nas hipóteses de alienação do bem por menos de 50% do valor de mercado ou por valor consideravelmente inferior ao valor de mercado para parente (indício se comprador tiver o mesmo sobrenome do alienante). Caso

5. Enunciado 149: A falta de averbação da pendência de processo ou da existência de hipoteca judiciária ou de constrição judicial sobre bem no registro de imóveis não impede que o exequente comprove a má-fé do terceiro que tenha adquirido a propriedade ou qualquer outro direito real sobre o bem.

contrário, quando então estaria comprovada a má-fé do terceiro adquirente?

Contamos com jurisprudência a respeito?

Também como já adiantado, existem precedentes do Tribunal Regional Federal da 4ª Região - TRF4 neste sentido. Note-se que caso o TRF reconheça a má-fé do terceiro adquirente, como fez nas decisões citadas acima, tal decisão não pode ser revertida no âmbito do Superior Tribunal de Justiça - STJ (órgão para o qual poderia ser direcionado eventual recurso contra a decisão do TRF com base em lei federal), uma vez que se trata de fato (má-fé) e o STJ não analisa fatos[6], conforme sua súmula 7.

Vejamos os precedentes do TRF4:

> "...
>
> Segundo consta à fl. 360 dos autos físicos ('procjudic9' do evento 1), o valor de venda do imóvel matriculado sob n.º 37099 - R$ 5.000,00 (cinco mil reais) em 09/09/2009, conforme informado na Declaração sobre Operações Imobiliárias (DOI) da Receita Federal, em cotejo com sua metragem (30 metros quadrados), tipo (apartamento) e localização (rua Honório Silveira Dias nº 1825/60, Porto Alegre/RS, em região nobre desta Capital), denota que o preço estipulado pelas partes é irrisório (ou 'vil'), o que, por si só, afasta a presunção de boa-fé de seu adquirente, justamente por não ser usual no mercado imobiliário a alienação de bem valioso a preço tão reduzido (em setembro de 2009, o valor de mercado do metro quadrado para venda de um apartamento no bairro São João, em Porto Alegre, era em média R$ 2.212,00 (dois mil duzentos e doze reais), segundo o índice FIPE ZAP (http://www.zap.com.br/imoveis/fipe-zap/; acesso em 24/7/2014, às 18:20),

---

6. RESP 645.494 – RS, AgRg no AREsp 511016 MG, AgRg no REsp 1008212 MG, AgRg no AREsp 301080 SP, entre outros.

o que contrasta com o preço declarado de venda do bem litigioso, equivalente a R$ 167,00 (cento e sessenta e sete reais) por metro quadrado, ou seja, mais de treze (13) vezes abaixo do valor de mercado).

Em hipóteses semelhantes, esta Corte já se manifestou:

TRIBUTÁRIO. PROCESSO CIVIL. CITAÇÃO POR AR. PESSOA FÍSICA. FRAUDE À EXECUÇÃO. 1. A citação de pessoa física pelo correio deve obedecer ao disposto no art. 223, parágrafo único, do Código de Processo Civil, necessária a entrega direta ao destinatário, de quem o carteiro deve colher o ciente. 2. Subscrito o aviso por outra pessoa que não o réu, o autor tem o ônus de provar que o réu, embora sem assinar o aviso, teve conhecimento da demanda que lhe foi ajuizada. Precedente do STJ. 3. A alienação de imóvel de propriedade da empresa executada, aos sócios da mesma- e por preço abaixo do valor de mercado-, após o ajuizamento da execução fiscal, demonstra evidente tentativa de fraudar a execução fiscal. (TRF4, 1ª Turma, AC nº 0002348-61.2013.404.9999, Rel. Des. Federal JORGE ANTONIO MAURIQUE, POR UNANIMIDADE, D.E. 19/03/2014 - grifei)

PROCESSUAL CIVIL. AÇÃO PAULIANA. FRAUDE A CREDORES. REQUISITOS. ANULAÇÃO DO NEGÓCIO JURÍDICO A TÍTULO ONEROSO. VALOR IRRISÓRIO. OBJETO DE DISCUSSÃO. HONORÁRIOS ADVOCATÍCIOS E DO CURADOR. ASSISTÊNCIA JUDICIÁRIA. 1. A ineficácia da alienação de bens em fraude à execução pode ser reconhecida incidentalmente no curso do processo executivo, em embargos do devedor ou de terceiro, ao passo que a anulação do ato jurídico por fraude contra credores só pode ser arguida em ação própria, qual seja, a ação pauliana. Os requisitos da fraude a credores são, a princípio: a) a anterioridade do crédito; b) o consilium fraudis (má fé) e c) o eventus damni (insolvência do devedor em prejuízo do credor), restaram plenamente configurados. Com efeito, a alegação de anterioridade do negócio jurídico em relação à citação executiva do devedor não aproveita a defesa dos apelantes, porque trata-se de aspecto relevante no caso de fraude à execução, mas não na hipótese de fraude contra credores, a qual pressupõe, isto sim, a anterioridade de crédito não satisfeito em relação ao ato de alienação do bem. 2. À adquirente é presumível a ciência do estado de insolvência dos alienantes, em razão do baixíssimo valor pago aos bens, sendo relevante notar que os dois imóveis foram transferidos à mesma. E se, de fato, a despeito do preço flagrantemente irrisório exigido pelos vendedores, ela nada intuiu, é lícito afirmar que não se acautelou devidamente, ao deixar de certificar-se sobre a idoneidade financeira dos alienantes (inclusive apurando a existência de ações judiciais contra o mesmo), assumindo, assim, o risco do negócio. Note-se, ainda, que, quando da lavratura da escritura pública, houve dispensa das negativas federal, estadual e municipal, tornando-se as partes responsáveis pelas consequências daí decorrentes. 3. A disparidade significativa do preço se constitui em indício veemente de fraude, porque revela a má situação financeira do vendedor. 4. A origem da dívida deve ser discutida em embargos de devedor, assim como por meio adequado deve ser eventualmente buscada a proteção à meação da esposa do devedor. A discussão sobre origem da dívida não interfere na matéria deduzida em ação pauliana, pois nela somente se trata da alienação fraudulenta de bens na constância de execução fiscal. 5. Tendo sido arbitrada a verba honorária sobre o valor da causa atualizado, deve ser considerado com tal aquele resultante da impugnação acolhida anteriormente. 6. Os honorários estipulados em favor dos curadores que atuaram no feito não se relacionam com a assistência judiciária gratuita então pretendida. (TRF4, 1ª Turma, AC nº 2005.04.01.029800-7, Rel. Des. Federal VIVIAN JOSETE PANTALEÃO CAMINHA, POR UNANIMIDADE, D.E. 24/07/2007 - grifei)

No que diz respeito à alienação do quinhão pertencente ao executado sobre o imóvel matriculado sob n.º 118783 (uma casa com mais 140 metros quadrados em

> Santa Maria), em 25/11/2010 (fl. 361), por R$ 24.000,00 (vinte e quatro mil reais) relativos a 35 m2, ou seja, R$ 685,00 (seiscentos e oitenta e cinco reais) por metro quadrado, é inequívoca a ciência do devedor da existência da execução e o seu intuito de obstar a prática de atos executórios.
>
> (TRF4-AI 5008520-21.2014.404.0000/RS, 4ª Turma, julgado em 09/09/2014)

Quais documentos trazem os dados da alienação?

Quanto aos bens imóveis, o valor da alienação, o valor aproximado de mercado do bem (avaliação para fins fiscais/ ITBI) e os nomes completos do alienante e do adquirente estão registrados (ou deveriam estar) no próprio registro de transferência constante na certidão de matrícula do cartório de registro de imóveis – CRI e também na declaração de operações imobiliária – DOI obtida pelo sistema INFOJUD.

Em relação aos veículos, a exceção do valor de mercado que deve ser identificado na tabela FIPE, é possível (ou deveria ser) obter tais informações (valor da alienação e os nomes completos do alienante e do adquirente) através de certidão específica com este fim junto ao DETRAN.

No caso de doação exige-se a comprovação da má-fé do terceiro adquirente?

Importante mencionar que a comprovação da má-fé será mais evidente ainda na hipótese de alienação gratuita, a exemplo de doação. Veja-se que existe previsão legal expressa de presunção absoluta de má-fé do terceiro adquirente para caracterização da fraude contra credores nesta hipótese (artigo 158, do CC[7]).

7. Art. 158. Os negócios de transmissão gratuita de bens ou remissão de dívida, se os praticar o devedor já insolvente, ou por eles reduzido à insolvência, ainda quando o ignore, poderão ser anulados pelos credores quirografários, como lesivos dos seus direitos.

É possível invocação de impenhorabilidade de bem de família do terceiro adquirente?

A resposta é negativa, já que o que está em jogo aqui é a alienação e não, a aquisição.

Neste sentido já decidiu o STJ:

> PROCESSUAL CIVIL. TRIBUTÁRIO. AGRAVO INTERNO NO RECURSO ESPECIAL. EXECUÇÃO FISCAL. ALIENAÇÃO DE BEM IMÓVEL. ADQUIRENTE DE BOA-FÉ. INSCRIÇÃO EM DÍVIDA ATIVA. FRAUDE À EXECUÇÃO. PRESUNÇÃO ABSOLUTA. INAPLICABILIDADE DA SÚMULA 375/STJ. **IMPENHORABILIDADE DE BEM DE FAMÍLIA**. NULIDADE DO NEGÓCIO JURÍDICO ANTERIOR. VÍCIO DE FORMA DA INSCRIÇÃO NA DÍVIDA ATIVA. AUSÊNCIA DE PREQUESTIONAMENTO.
>
> 1. O tema afeto ao alegado vício de forma da inscrição do débito na dívida ativa, que os agravantes entendem não poder caracterizar a nulidade do negócio, não foi objeto de debate pelo Tribunal a quo, carecendo do indispensável prequestionamento e atraindo o óbice das Súmulas 282 e 356 do STF.
>
> 2. Para hipótese ocorrida antes da vigência da Lei Complementar n. 118, de 9/6/2005, considerava-se absoluta a presunção de fraude à execução quando a alienação do bem se dava em momento posterior à mera citação da alienante nos autos de execução fiscal contra ela movida.
>
> 3. Com o advento da Lei Complementar n. 118/2005, que conferiu nova redação ao art. 185 do Código Tributário Nacional, convencionou-se que a mera alienação de bens pelo sujeito passivo com débitos inscritos na dívida ativa, sem a reserva de meios para a satisfação dos referidos débitos, pressupõe a existência de fraude à execução ante a primazia do interesse público na arrecadação dos recursos para o uso da coletividade.

4. Registre-se, por oportuno, que a Primeira Seção deste Superior Tribunal, no julgamento do Recurso Especial n. 1.141.990/PR, de relatoria do Ministro Luiz Fux, submetido ao rito dos recursos repetitivos, nos termos do art. 543-C do CPC e da Resolução STJ n. 8/2008, consolidou entendimento segundo o qual não se aplica à execução fiscal a Súmula 375/STJ: "O reconhecimento da fraude à execução depende do registro da penhora do bem alienado ou da prova de má-fé do terceiro adquirente."

5. Quanto à impenhorabilidade do bem de família, a jurisprudência do STJ é firme no sentido de que, mesmo quando o devedor aliena o imóvel que lhe sirva de residência, deve ser mantida a cláusula de impenhorabilidade, visto que imune aos efeitos da execução e, caso reconhecida a invalidade do negócio, o imóvel voltaria à esfera patrimonial do devedor ainda como bem de família. Todavia, essa não é a hipótese dos autos, pois **o imóvel somente passou a ostentar a qualidade de bem de família porque os últimos adquirentes, que são os ora agravantes, deram-lhe destinação de moradia, não sendo oponível para validar negócios jurídicos anteriores.**

6. Agravo interno a que se nega provimento.

(AgInt nos EDcl no REsp 1420488 / SC, 2ª Turma, DJe 28/03/2019)

Quais são as consequências legais do reconhecimento da fraude à execução?

Como dito anteriormente ao tratarmos das consequências do registro da certidão do artigo 828, do CPC, a consequência da fraude é a ineficácia do negócio jurídico em relação ao credor exequente prejudicado, restando ao terceiro estranho ao processo direito de regresso em face do alienante (artigo 792, § 1º, do CPC).

Outrossim, veja-se novamente que diante do reconhecimento de fraude contra a execução e, portanto, de ato atentatório à dignidade da justiça, nos termos do artigo 774, I, do Código Processual Civil, é pertinente a fixação da multa do mesmo artigo 774, agora em seu parágrafo único, bem como ofício ao MPF para apuração do delito do artigo 179, do CP.

Quais são as hipóteses de fraude contra credores?

Passa-se então a tratar da fraude contra credores prevista nos artigos 158 e 159, ambos do CC[8]. Conforme disposição legal, gera fraude contra credores a alienação de bem por devedor notoriamente insolvente ou que notoriamente gere sua insolvência.

Assim como na fraude contra a execução relacionada a bens sujeitos a registro, para caracterização da fraude contra credores, via de regra, faz-se necessária a comprovação da má-fé do terceiro adquirente. Isso em virtude do adjetivo notoriamente previsto no artigo 159, do CC, bem como de interpretação sistemática deste último com o artigo 158, do mesmo Diploma Legal Civil.

Haverá exceção a esta regra com presunção absoluta da má-fé do terceiro adquirente quando a alienação for gratuita, a exemplo da doação, conforme determina o artigo 158, do CC.

8. Art. 158. Os negócios de transmissão gratuita de bens ou remissão de dívida, se os praticar o devedor já insolvente, ou por eles reduzido à insolvência, ainda quando o ignore, poderão ser anulados pelos credores quirografários, como lesivos dos seus direitos. § 1º Igual direito assiste aos credores cuja garantia se tornar insuficiente. § 2º Só os credores que já o eram ao tempo daqueles atos podem pleitear a anulação deles. Art. 159. Serão igualmente anuláveis os contratos onerosos do devedor insolvente, quando a insolvência for notória, ou houver motivo para ser conhecida do outro contratante.

Assim, podemos estabelecer que são 4 os requisitos legais para caracterização da fraude contra credores, a exceção de casos de alienação gratuita (onde é dispensada por lei a comprovação da má-fé do terceiro adquirente): **1)** existência de dívida em aberto (alienante é devedor); **2)** alienação ou oneração de patrimônio a terceiros; **3)** insolvência do alienante e; **4)** comprovação da má-fé do terceiro adquirente.

No que tange à comprovação da má-fé do terceiro adquirente e insolvência remete-se o leitor para o que foi dito em relação à fraude contra a execução, registrando que o STJ já reconheceu que o ônus da prova para provar sua solvência para afastar fraude contra credores é do próprio devedor:

> FRAUDE CONTRA CREDORES. AÇÃO PAULIANA.
>
> 1. ONUS DA PROVA. INCUMBE AO DEVEDOR PROVAR A PROPRIA SOLVENCIA.
>
> 2. COMPETENCIA. COMPETE AO CREDOR, QUE JA O ERA AO TEMPO DO ATO DE TRANSMISSÃO, PLEITEAR-LHE A ANULAÇÃO (CCV, ART. 106, PARAGRAFO UNICO).
>
> 3. RECURSO ESPECIAL NÃO CONHECIDO.
>
> (STJ-RESP 199000016142, 3ª Turma, DJ 07/05/1990 PÁGINA:3830)

Existe prazo para reconhecimento da fraude contra credores?

Uma vez presentes os requisitos para caracterização da fraude contra credores, faz-se necessário verificar se não houve decadência do direito com o decurso de 4 anos da realização do negócio, conforme artigo 178, II, do CC[9].

9. Art. 178. É de quatro anos o prazo de decadência para pleitear-se a anulação do negócio jurídico, contado: II - no de erro, dolo, fraude contra

A fraude pode ser reconhecida nos próprios autos da execução?

Confirmando-se que não decaiu o direito de anulação, será necessário o ajuizamento de ação própria para reconhecimento judicial. Trata-se da denominada ação pauliana. Nesta demanda deverá figurar no polo passivo o devedor alienante e também o terceiro adquirente, conforme prevê o artigo 161, do CC[10].

Cabe pedido liminar na ação pauliana?

Cabível ainda tutela de urgência, nos moldes do artigo 300, do CPC, para tornar indisponível o bem alienado de forma fraudulenta. Afinal, o direito estará comprovado documentalmente (1- existência de dívida em aberto; 2- alienação ou oneração de patrimônio a terceiros; 3- insolvência do alienante e; 4- comprovação da má-fé do terceiro adquirente), bem como será evidente o risco da demora pela possiblidade de alienação do bem para terceiros de boa-fé.

Uma vez reconhecida a fraude, pode o bem ser reconhecido como bem de família do devedor?

Importante lembrar de precedentes do STJ no sentido de que uma vez reconhecida a fraude e declarada a ineficácia do negócio não há que se falar em bem de família do devedor:

> CIVIL E PROCESSO CIVIL. AÇÃO DE COBRANÇA DE ALUGUÉIS. DOAÇÃO DE IMÓVEL EM **FRAUDE DE EXECUÇÃO. BEM DE FAMÍLIA. AFASTAMENTO DA PROTEÇÃO. POSSIBILIDADE. FRAUDE QUE INDICA**

---

credores, estado de perigo ou lesão, do dia em que se realizou o negócio jurídico;

10. Art. 161. A ação, nos casos dos arts. 158 e 159, poderá ser intentada contra o devedor insolvente, a pessoa que com ele celebrou a estipulação considerada fraudulenta, ou terceiros adquirentes que hajam procedido de má-fé.

ABUSO DE DIREITO. ART. ANALISADO: 1º, LEI 8.009/90. 1. Embargos de terceiro distribuídos em 12/04/2010, do qual foi extraído o presente recurso especial, concluso ao Gabinete em 22/04/2013. 2. Discute-se se a doação realizada ao menor impúbere, do único imóvel onde reside a família, dias depois de intimados os devedores para pagar quantia certa, em cumprimento de sentença, configura fraude de execução e afasta a natureza impenhorável do bem transferido. 3. A exegese sistemática da Lei nº 8.009/90 evidencia nítida preocupação do legislador no sentido de impedir a deturpação do benefício legal, vindo a ser utilizado como artifício para viabilizar a aquisição, melhoramento, uso, gozo e/ou disposição do bem de família sem nenhuma contrapartida, à custa de terceiros. 4. Sob essa ótica, é preciso considerar que, em regra, **o devedor que aliena, gratuita ou onerosamente, o único imóvel, onde reside com a família, está, ao mesmo tempo, dispondo daquela proteção legal, na medida em que seu comportamento evidencia que o bem não lhe serve mais à moradia ou subsistência.** 5. Na espécie, as circunstâncias em que realizada a doação do imóvel estão a revelar que **os devedores, a todo custo, tentam ocultar o bem e proteger o seu patrimônio, sacrificando o direito do credor, assim, portanto, obrando, não apenas em fraude de execução, mas também - e sobretudo - com fraude aos dispositivos da própria Lei 8.009/90.** 6. Nessas hipóteses, é possível, com fundamento em abuso de direito, reconhecer a fraude de execução e **afastar a proteção conferida pela Lei 8.009/90.** 7. Recurso especial conhecido e desprovido.

(REsp 1364509/RS, Rel. Ministra NANCY ANDRIGHI, 3ª Turma, julgado em 10/06/2014, DJe 17/06/2014)

"AGRAVO REGIMENTAL. PROCESSO CIVIL. FRAUDE À EXECUÇÃO. RECONHECIMENTO. BEM DE FAMÍLIA. DESCARACTERIZAÇÃO.

> **1. O bem que retorna ao patrimônio do devedor, por força de reconhecimento de fraude à execução, não goza da proteção da impenhorabilidade disposta na Lei nº 8.009/1990, sob pena de prestigiar-se a má-fé do executado** (...)
>
> (AgRg no REsp 1085381 / SP AGRAVO REGIMENTAL NO RECURSO ESPECIAL 2008/0191647-7, Relator Ministro Paulo Gallotti, órgão Julgador 6ª Turma, D.J. 10.03.2009)

Não obstante, importante registrar que também existem precedentes posteriores das turmas de direito público do STJ em sentido contrário relacionados à fraude à execução fiscal, como os AgInt no AREsp 2174427 / RJ, 1ª Turma, DJe 20/09/2023 e; AgInt no REsp 1719551 / RS, 2ª Turma, DJe 30/05/2019.

13

CRÉDITOS OUTRAS AÇÕES JUDICIAIS E PRECATÓRIOS – PENHORA ROSTO DOS AUTOS

O que mais pode ajudar na satisfação da dívida exequenda?

Pode ainda ajudar na efetividade da jurisdição, pesquisa por ações e precatórios/RPV em que a parte executada conte com valores a receber – sugere-se pesquisa no site do TJ local por ações pelo nome dos mutuários nos municípios de residência e outros com potencial existência de ações em nome desse, bem como precatórios/RPV através de pesquisa pelo nome e CPF.

Caso encontrado potencial proveito econômico, cabível penhora no rosto nos autos, conforme artigo 855 c/c artigo 860, do CPC[1].

1. Art. 855. Quando recair em crédito do executado, enquanto não ocorrer a hipótese prevista no art. 856, considerar-se-á feita a penhora pela intimação: I - ao terceiro devedor para que não pague ao executado, seu credor; II - ao executado, credor do terceiro, para que não pratique ato de disposição do crédito. Art. 860. Quando o direito estiver sendo pleiteado em juízo, a penhora que recair sobre ele será averbada, com destaque, nos autos pertinentes ao direito e na ação correspondente à penhora, a fim de que esta seja efetivada nos bens que forem adjudicados ou que vierem a caber ao executado.

Localizadas ações contra o devedor é possível que lá constem pesquisas de bens que podem ajudar na efetividade da execução de quantia.

Links para pesquisa no RS e SP:

http://www1.tjrs.jus.br/busca/?tb=proc (busca ações por nome)

https://esaj.tjsp.jus.br/sco/abrirCadastro.do (busca ações por nome e CPF)

http://www1.tjrs.jus.br/site/processos/precatorios_e_rpvs/ (busca precatórios/RPV por nome e CPF)

www.tjsp.jus.br/cac/scp/webmenupesquisa.aspx (busca precatórios/RPV por nome e CPF)

14

ALIENAÇÃO FIDUCIÁRIA DE BEM MÓVEL OU PENHOR RURAL – CRIME ESTELIONATO

Como funciona a cobrança judicial de dívida garantida por alienação fiduciária ou penhor rural?

Na alienação fiduciária ocorre um desdobramento da posse ficando a direta com o devedor fiduciante e a indireta com o credor fiduciário, além da propriedade resolúvel sobre o bem. Isso quanto ao bem móvel, nos moldes dos artigos 1.361, *caput* e § 2º, do CC[1].

Pois bem, neste contexto o devedor fiduciante figura como depositário do bem. Neste sentido já decidiu o Supremo Tribunal Federal, embora hoje superada a questão da possibilidade de prisão de depositário infiel pela súmula vinculante nº 25[2].

---

1. Art. 1.361. Considera-se fiduciária a propriedade resolúvel de coisa móvel infungível que o devedor, com escopo de garantia, transfere ao credor. § 2º Com a constituição da propriedade fiduciária, dá-se o desdobramento da posse, tornando-se o devedor possuidor direto da coisa.
2. http://www.stf.jus.br/portal/cms/verNoticiaDetalhe.asp?idConteudo=58353
   Pleno reitera entendimento de que depositário infiel será preso quando não pagar dívida
   ...
   Proclamaram os ministros, ainda, que o **Decreto-lei 911/69, que estabelece normas processuais sobre alienação fiduciária**, é legítimo para

No penhor rural não é diferente. Existe impedimento para alienação dos bens para terceiros sem prévia anuência da credora por escrito. O mutuário é constituído fiel depositário no momento da contratação. Tudo conforme determinam os artigos 59 e 17, ambos do Decreto-Lei nº 167/47[3].

O que fazer caso a garantia não seja encontrada?

No caso do bem móvel garantia não ser encontrado seja em ação de busca e apreensão seja em ação de execução de título extrajudicial (conforme autoriza o artigo 5º, do Decreto-Lei 911/69), pertinente que sejam tomadas as seguintes medidas:

> 1) para casos de veículo, determinação do registro da restrição de circulação do veículo, por meio do sistema RENAJUD, enquanto não efetivada a busca e apreensão liminar ou penhora efetiva. Analisar custo benefício da medida no caso concreto, considerando o valor de mercado do bem e os custos de depósito em eventual apreensão;

---

autorizar a prisão civil do **devedor fiduciante (quem fica com o bem em confiança), quando este, sem justa causa, deixa de entregar ao credor o bem dado em garantia da dívida, ou então deixa de restituir a importância equivalente em dinheiro**.

...

"A equiparação legal do devedor fiduciante com a do depositário infiel não ofende a Constituição da República, mesmo com a incorporação do Pacto de San José da Costa Rica ao direito brasileiro, pois esta não derroga a nossa legislação ordinária, no ponto em que esta, nos casos de infidelidade depositária, admite a prisão civil", compara o ministro Celso.

3. Artigo 59. A venda dos bens apenhados ou hipotecados pela cédula de crédito rural **depende de prévia anuência do credor, por escrito**. Artigo 17. Os bens apenhados continuam na posse imediata do emitente ou do terceiro prestante da garantia real, que responde por sua guarda e conservação **como fiel depositário**, seja pessoa física ou jurídica. Cuidando-se do penhor constituído por terceiro, o emitente da cédula responderá solidariamente com o empenhador pela guarda e conservação dos bens apenhados.

> 2) ainda para casos de veículo, expedição de ofício à Polícia Rodoviária Federal e ao Batalhão de Polícia Rodoviária Estadual, noticiando a restrição de circulação do veículo, em decorrência da ordem de busca e apreensão ou penhora, solicitando daqueles órgãos a apreensão;
>
> 3) intimação da parte adversa para que indique a localização exata do bem dado em garantia ou deposite o equivalente em dinheiro nos autos, sob pena de:
>
> - incidência do contido nos artigos 77, IV e § 2º, 80, IV e; 81, todos do CPC (caracterização e sanções para litigância de má-fé e ato atentatório à dignidade da Justiça) e incidência de multa diária a ser fixada por este juízo, nos termos do artigo 139, IV, do mesmo diploma processual (medida indutiva/coercitiva);
>
> - expedição de ofício ao Ministério Público Federal e à Polícia Federal para análise de eventual delito praticado em face da credora e da administração da justiça (crime de desobediência, conforme artigo 330, do Código Penal e, se for o caso, crime de estelionato e outras fraudes, nos moldes do artigo 171, § 2º, do mesmo Código Penal, c/c o artigo 66-B, § 2º, da Lei 4.728/65 e crime de dano, nos termos dos artigos 163, do mesmo Código Penal, c/c os artigos 1.361, §§ 2º e 3º, do CC e 59 e 17, ambos do Decreto-Lei nº 167/47).

Destaque-se que como já adiantado não é mais possível a prisão de depositário infiel simplesmente porque trata-se de depositário infiel, conforme decisão do Supremo Tribunal Federal – STF (súmula vinculante nº. 25 e precedentes), o que corrobora o acima indicado, levando em conta que, uma vez ausente qualquer consequência jurídica àquele (depositário infiel), retira-se qualquer efetividade do depósito de bens.

Ressalte-se, ainda, que não havendo qualquer consequência jurídica ao destinatário de ordem judicial, acaba-se quase que por completo com a efetividade da determinação exarada pelo Poder Judiciário.

Ademais, aponte-se que as medidas também são pertinentes pelo seu caráter pedagógico, especialmente levando em conta as sanções vinculadas.

Nos casos de Busca e Apreensão, não localizado o bem, possível a conversão em execução, conforme autoriza o artigo 4º, do Decreto-Lei 911/69[4].

Sugere-se verificar a pertinência de inclusão dos devedores solidários (avalistas e fiadores) no polo passivo do feito. Isso porque a busca e apreensão muitas vezes é ajuizada apenas contra a pessoa jurídica proprietária da garantia visando evitar problemas para citação de mais de um réu.

Alguma medida extrajudicial pode ser tomada?

Importante registrar que é cabível a notificação extrajudicial do devedor fiduciante (ao lado das medidas pleiteadas judicialmente) para indicação da localização exata da garantia quando o bem não for localizado pelo oficial de justiça, além de notícia crime ao ministério público e polícia federal/civil[5].

---

4. Art. 4º Se o bem alienado fiduciariamente não for encontrado ou não se achar na posse do devedor, fica facultado ao credor requerer, nos mesmos autos, a conversão do pedido de busca e apreensão em ação executiva, na forma prevista no Capítulo II do Livro II da Lei no 5.869, de 11 de janeiro de 1973 - Código de Processo Civil.
5. Exemplo de minuta de notificação extrajudicial: Através do presente o credor solicita que este depositário indique no prazo de 30 dias corridos a localização exata do bem dado em garantia de alienação fiduciária do pacto/contrato *especificar nº da avença/contrato*, qual seja, *especificar bens* ou deposite o valor equivalente em dinheiro no processo ...., sob pena de expedição de ofício ao Ministério Público Federal e à Polícia Federal para análise de eventual delito praticado em face deste credor (crime de estelionato e outras fraudes, nos moldes do artigo 171, § 2º, do mesmo Código Penal, c/c o artigo 66-B, § 2º, da Lei 4.728/65 e crime de dano, nos termos

dos artigos 163, do mesmo Código Penal, c/c o artigo 1.361, §§ 2º e 3º, do CC).

Exemplo de minuta do ofício ao Ministério Público Federal e à Polícia Federal/Civil caso necessário, caso a localização exata dos bens não seja indicada dentro do prazo constante na notificação remetida ao mutuário: Em face do inadimplemento do pacto/contrato *especificar nº da avença/contrato e anexar cópia ao ofício*, garantido com a alienação fiduciária do seguinte bem: *especificar bens*, este credor ajuizou o processo judicial *especificar número do processo* no qual não foram localizados pelo oficial de justiça os bens dados em garantia *(trazer teor resumido da certidão do oficial de justiça, por exemplo: representante da empresa afirma que vendeu o bem para 3º)*. Na alienação fiduciária ocorre um desdobramento da posse ficando a direta com o devedor fiduciante e a indireta com o credor fiduciário, além da propriedade resolúvel sobre o bem. Isso quanto ao bem móvel, nos moldes dos artigos 1.361, *caput* e § 2º, do CC. Pois bem, neste contexto, o devedor fiduciante figura como depositário do bem. Neste sentido já decidiu o Supremo Tribunal Federal, embora hoje superada a questão da possibilidade de prisão de depositário infiel pela súmula vinculante nº 25. Com efeito, serve este ofício como notícia crime para apuração de eventual delito praticado em face deste credor (crime de estelionato e outras fraudes, nos moldes do artigo 171, § 2º, do mesmo Código Penal, c/c o artigo 66-B, § 2º, da Lei 4.728/65 e crime de dano, nos termos dos artigos 163, do mesmo Código Penal, c/c o artigo 1.361, §§ 2º e 3º, do CC). Destaque-se que não é mais possível a prisão de depositário infiel simplesmente porque trata-se de depositário infiel, conforme decisão do Supremo Tribunal Federal – STF (súmula vinculante nº. 25 e precedentes), o que corrobora a apuração criminal aqui tratada, levando em conta que, uma vez ausente qualquer consequência jurídica àquele (depositário infiel), retira-se qualquer efetividade do depósito de bens. Ademais, aponte-se que a apuração é devida, também, pelo caráter pedagógico das sanções vinculadas.

15

ALIENAÇÃO FIDUCIÁRIA – PENHORA E ALIENAÇÃO JUDICIAL DE DIREITOS

Quais são os direitos do devedor fiduciante?

Nos pactos que contam com garantia de alienação fiduciária de bem imóvel ou móvel, os devedores fiduciantes detêm, dentre outros, os direitos à posse direta do bem, à quitação do saldo devedor com a aquisição da propriedade plena sobre o bem e à eventual saldo remanescente após a consolidação da propriedade em nome do credor fiduciário e alienação extrajudicial.

Isso quanto ao bem imóvel, nos termos dos artigos 1.368-B, do CC; 23, §1º, 25 e 27, § 4º, todos da Lei 9.514/97[1]. Já

---

1. Art. 1.368-B. A alienação fiduciária em garantia de bem móvel ou imóvel confere direito real de aquisição ao fiduciante, seu cessionário ou sucessor. Art. 23. Constitui-se a propriedade fiduciária de coisa imóvel mediante registro, no competente Registro de Imóveis, do contrato que lhe serve de título. § 1° Parágrafo único. Com a constituição da propriedade fiduciária, dá-se o desdobramento da posse, tornando-se o fiduciante possuidor direto e o fiduciário possuidor indireto da coisa imóvel Art. 25. Com o pagamento da dívida e seus encargos, resolve-se, nos termos deste artigo, a propriedade fiduciária do imóvel. Art. 27. Consolidada a propriedade em seu nome, o fiduciário promoverá leilão público para a alienação do imóvel, no prazo de 60 (sessenta) dias, contado da data do registro de que trata o § 7° do art. 26 desta Lei. § 4° Nos 5 (cinco) dias que se seguirem à venda do imóvel no leilão, o credor entregará ao fiduciante a importância que sobejar, nela compreendido o valor da indenização de benfeitorias, depois de deduzidos os valores da dívida, das despesas e dos encargos de que trata o § 3° deste artigo, o que importará em recíproca quitação, hipótese em que

quanto ao bem móvel, nos moldes dos artigos 1.361, §§ 2º e 3º, 1.364 e 1.368-B, todos do CC e 2º, *caput, in fine*, do Decreto-Lei 911/69[2].

É possível a penhora de tais direitos?

Contamos com precedentes do Superior Tribunal de Justiça – STJ pela viabilidade da penhora de direitos do devedor fiduciante:

> AGRAVO INTERNO. RECURSO ESPECIAL. PROCESSO CIVIL E CIVIL. **ALIENAÇÃO FIDUCIÁRIA** EM GARANTIA. PENHORA SOBRE O IMÓVEL. IMPOSSIBILIDADE. **CONSTRIÇÃO QUE PODE RECAIR, CONTUDO, SOBRE OS DIREITOS DECORRENTES DO CONTRATO** DE ALIENAÇÃO FIDUCIÁRIA DO IMÓVEL. JURISPRUDÊNCIA CONSOLIDADA. AGRAVO INTERNO NÃO PROVIDO.

---

não se aplica o disposto na parte final do art. 516 da Lei nº 10.406, de 10 de janeiro de 2002 (Código Civil).

2. Código Civil: Art. 1.361. Considera-se fiduciária a propriedade resolúvel de coisa móvel infungível que o devedor, com escopo de garantia, transfere ao credor. § 2º Com a constituição da propriedade fiduciária, dá-se o desdobramento da posse, tornando-se o devedor possuidor direto da coisa. § 3º A propriedade superveniente, adquirida pelo devedor, torna eficaz, desde o arquivamento, a transferência da propriedade fiduciária. Art. 1.364. Vencida a dívida, e não paga, fica o credor obrigado a vender, judicial ou extrajudicialmente, a coisa a terceiros, a aplicar o preço no pagamento de seu crédito e das despesas de cobrança, e a entregar o saldo, se houver, ao devedor. Art. 1.368-B. A alienação fiduciária em garantia de bem móvel ou imóvel confere direito real de aquisição ao fiduciante, seu cessionário ou sucessor. Decreto-Lei 911/69: Art 2º No caso de inadimplemento ou mora nas obrigações contratuais garantidas mediante alienação fiduciária, o proprietário fiduciário ou credor poderá vender a coisa a terceiros, independentemente de leilão, hasta pública, avaliação prévia ou qualquer outra medida judicial ou extrajudicial, salvo disposição expressa em contrário prevista no contrato, devendo aplicar o preço da venda no pagamento de seu crédito e das despesas decorrentes e entregar ao devedor o saldo apurado, se houver.
   § 1º O crédito a que se refere o presente artigo abrange o principal, juros e comissões, além das taxas, cláusula penal e correção monetária, quando expressamente convencionados pelas partes.

1. O **entendimento deste Superior Tribunal de Justiça** é no sentido pelo qual "não é possível penhorar imóvel alienado fiduciariamente, em execução promovida por terceiros contra o devedor fiduciante, haja vista que a propriedade do bem pertence ao credor fiduciário; no entanto, esta Corte **autoriza a penhora dos direitos decorrentes do contrato de alienação fiduciária, uma vez que gozam de expressão econômica** (AgInt no AREsp 1.370.727/SP, Terceira Turma, julgado em 25/03/2019, DJe de 28/03/2019; AgInt no AREsp 644.018/SP, Quarta Turma, julgado em 02/06/2016, DJe de 10/06/2016; REsp 1.646.249/RO, Segunda Turma, julgado em 3/4/2018, DJe 24/5/2018). Esse entendimento deve ser também aplicado à regra da impenhorabilidade quando o bem de família é dado em garantia de contrato de alienação fiduciária.". (REsp 1629861/DF, Rel. Ministra NANCY ANDRIGHI, TERCEIRA TURMA, julgado em 06/08/2019, DJe 08/08/2019).

2. Agravo interno não provido.

(RESP 1992074/SP, 4ª Turma, DEJ 15/08/2022) (grifos nossos)

PROCESSUAL CIVIL E TRIBUTÁRIO. EXECUÇÃO FISCAL. **CONTRATO DE ALIENAÇÃO FIDUCIÁRIA. DIREITOS DO DEVEDOR FIDUCIANTE. PENHORA. POSSIBILIDADE.**

1. Não é viável a penhora sobre bens garantidos por alienação fiduciária, já que não pertencem ao devedor-executado, que é apenas possuidor, com responsabilidade de depositário, mas à instituição financeira que realizou a operação de financiamento. Entretanto **é possível recair a constrição executiva sobre os direitos detidos pelo executado no respectivo contrato. Precedentes.**

2. **O devedor fiduciante possui expectativa do direito à futura reversão do bem alienado,** em caso de pagamento da totalidade da dívida, ou à parte do valor já quitado, em caso de mora e excussão por parte do

credor, que é passível de penhora, nos termos do art. 11, VIII, da Lei das Execuções Fiscais (Lei nº 6.830/80), que permite a constrição de 'direitos e ações'. (REsp 795.635/PB, de minha relatoria, DJU de 07/08/2006).

3. Recurso especial provido.

(STJ. 2ª Turma. REsp 910.207/MG, Rel. Ministro Castro Meira. Publicado no DJ 25/10/2007). (grifo nosso)

PROCESSUAL CIVIL. LOCAÇÃO. PENHORA. DIREITOS. CONTRATO DE ALIENAÇÃO FIDUCIÁRIA. VIOLAÇÃO AO ART. 535, DO CPC. INEXISTÊNCIA. I - Não ocorre ofensa ao art. 535, II, do CPC, tampouco recusa à apreciação da matéria, se o e. Tribunal de origem fundamentadamente apreciou a controvérsia. **II - O bem alienado fiduciariamente, por não integrar o patrimônio do devedor, não pode ser objeto de penhora. Nada impede, contudo, que os direitos do devedor fiduciante oriundos do contrato sejam constritos.** Recurso não conhecido.

(RESP 200401112431 RESP - RECURSO ESPECIAL – 679821 Relator(a) FELIX FISCHER Sigla do órgão STJ Órgão julgador 5ª TURMA Fonte DJ DATA:17/12/2004 PG:00594) (grifo nosso)

Aliás, tanto cabe a penhora em análise que o próprio CPC, no seu artigo 799, I[3], traz expressamente a obrigação do exequente requerer a intimação do credor fiduciário, embora de maneira equivocada refira-se à penhora do bem em si.

E a alienação judicial desses direitos, seria igualmente possível?

Também a alienação destes direitos é possível, embora com certa complexidade. E digo isso acompanhado de

3. Art. 799. Incumbe ainda ao exequente: I - requerer a intimação do credor pignoratício, hipotecário, anticrético ou fiduciário, quando a penhora recair sobre bens gravados por penhor, hipoteca, anticrese ou alienação fiduciária;

diversos precedentes do TRF4, a exemplo do AI Nº 5003109-60.2015.404.0000/RS, 4ª Turma, julgado em 24/03/2015; do AG 2009.04.00.005508-9, 1ª Turma, DJ de 19/05/2009 e; do AI nº 0012564-76.2011.404.0000, 2ª Turma, D.E. 01/12/2011.

Vejamos os precedentes do TRF4:

> "...
>
> *In casu*, o juízo a quo indeferiu o pedido de avaliação, apreensão e designação de hasta pública para venda judicial dos direitos já penhorados relativos ao veículo, placas IRB2792, do qual o executado é possuidor direto, oriundos de contrato de alienação fiduciária (evento 2, AUTOPENHORA87 e PET103). Contudo, sendo cabível a constrição de tais direitos, inexiste óbice à venda judicial para pagamento do débito em execução.
>
> Nesse sentido:
>
> AGRAVO DE INSTRUMENTO. ALIENAÇÃO DE DIREITOS RELATIVOS A VEÍCULO ADQUIRIDO POR ALIENAÇÃO FIDUCIÁRIA. POSSIBILIDADE. Sendo cabível a penhora sobre direitos de crédito relativos a veículo de que o executado é possuidor direto, oriundos de contrato de alienação fiduciária, não há óbice à venda judicial de tais direitos para pagamento do débito em execução. A hasta pública deverá recair sobre os direitos do devedor fiduciário, consubstanciado nas parcelas já pagas, e não do veículo alienado fiduciariamente, devendo tal informação constar expressamente no edital do leilão. (TRF4, AGRAVO DE INSTRUMENTO nº 0012564-76.2011.404.0000, 2ª Turma, Juíza Federal CLÁUDIA MARIA DADICO, POR UNANIMIDADE, D.E. 01/12/2011)
>
> EXECUÇÃO FISCAL. PENHORA SOBRE DIREITOS RELATIVOS A VEÍCULO ADQUIRIDO POR ALIENAÇÃO FIDUCIÁRIA. POSSIBILIDADE. Sendo cabível a penhora sobre direitos de crédito relativos a veículo de que o executado é possuidor direto, oriundos de contrato de alienação fiduciária, inexiste qualquer óbice à venda judicial de tais bens para pagamento do débito em execução.

> Com efeito, não cabe leiloar o veículo objeto de contrato de alienação fiduciária, mas sim os direitos do executado sobre ele. (TRF4, AGRAVO DE INSTRUMENTO nº 2009.04.00.017012-7, 1ª Turma, Des. Federal MARIA DE FÁTIMA FREITAS LABARRÈRE, POR UNANIMIDADE, D.E. 26/08/2010)
>
> PROCESSUAL CIVIL. EXECUÇÃO EXTRAJUDICIAL. PENHORA DE VEÍCULO. ALIENAÇÃO FIDUCIÁRIA. DIREITOS SOBRE O VEÍCULO. São penhoráveis tão somente os direitos do executado que decorrem do contrato de alienação fiduciária de veículo firmado junto à instituição financeira, sendo então, desnecessária a posse do veículo para que seja efetuado o penhor. Incabível o leilão do veículo, mas sim dos direitos do executado sobre ele, ou seja, a parte do valor já quitado pelo devedor no contrato de alienação fiduciária, sendo portanto, dispensável a apresentação desse veículo. (TRF4, AGRAVO DE INSTRUMENTO Nº 2008.04.00.010843-0, 4ª Turma, Juiz MÁRCIO ANTÔNIO ROCHA, POR UNANIMIDADE, D.E. 19/08/2008)
>
> Não obstante, deve constar no edital de leilão que se trata de penhora sobre direitos oriundos de contrato de alienação fiduciária.
>
> (TRF4-AI 5003109-60.2015.404.0000/RS, 4ª Turma, julgado em 24/03/2015)

Frise-se que dentre os direitos de devedor fiduciante, como já mencionado, encontram-se o direito à quitação do saldo devedor com a aquisição da propriedade plena a seu favor (artigos 1.368-B, do CC e 25, da Lei 9.514/97, este último especificamente para bem imóvel), o que demonstra a total pertinência da designação de leilão para venda judicial dos direitos penhorados.

Ademais, assim como dito a respeito do protesto contra alienação de bem e da utilização dos sistemas informatizados de buscas de bens disponíveis aos judiciário (JUDs), a alienação judicial dos direitos de devedor fiduciante também é corroborada pelos artigos 391 e 942, ambos do CC, 789, 797, 824, 799, III e 139, IV, todos do CPC, e 5º, XXXV e LXXXVIII, da Carta Fundamental, que determinam que todos os bens do devedor respondem pelo inadimplemento de suas obrigações; bem como que a execução segue no interesse do credor através da expropriação de bens do executado; que o juízo pode determinar medidas indutivas para assegurar o cumprimento da determinação judicial para pagamento; que é direito fundamental o acesso ao judiciário para afastar lesão de direito e; que o processo judicial deve ter duração razoável.

Como funciona esta alienação na prática?

Na prática[4]: aliena-se por preço não inferior a 50% da avaliação e não inferior ao saldo devedor indicado pelo credor fiduciário o bem cujos direitos de devedor fiduciante foram penhorados; quita-se tal saldo devedor do pacto garantido com alienação fiduciária, liberando-se, assim, a restrição/gravame/direito real vinculado, e; remanescendo valores, estes serão objeto de expropriação judicial para satisfação da dívida exequenda.

Neste contexto, deve ser verificado no caso concreto se existe interesse prático na restrição judicial dos direitos, adotando, por exemplo, critério que seria necessária uma

4. Juridicamente o que ocorre é a venda dos direitos de devedor fiduciante, devendo isso constar no edital de leilão. A razão de na prática ocorrer a alienação do bem é simples. Isso ocorre porque o conteúdo econômico-financeiro dos direitos do devedor fiduciante para fins de alienação judicial reflete-se no valor para quitação com aquisição da propriedade plena mais a diferença entre esse e o valor de mercado do bem. Assim, por exemplo, bem com valor de mercado de 1 milhão e dívida de 500 mil gera conteúdo econômico-financeiro para o devedor fiduciante de 1 milhão e não, de 500 mil. Logo, resta claro que na prática o arrematante terá como base o valor do imóvel e não, o valor do direito de quitação do devedor fiduciante. Não consigo visualizar outra forma para alienação dos direitos do devedor fiduciante, senão, qual seria?

diferença positiva de tantos dinheiros ou mais entre o valor de mercado do bem e o valor do saldo devedor vinculado à alienação fiduciária.

Existe alguma peculiaridade em relação aos bens imóveis?

No caso de bem imóvel o leilão judicial em apreço não poderá implicar em alienação por preço inferior ao valor do saldo devedor vinculado à alienação fiduciária, conforme determina o artigo 27, § 2º, da Lei 9.514/97[5]. Caso contrário, caso seja efetivada alienação em leilão por até 50% do valor de avaliação do imóvel, não se estaria a leiloar os direitos de devedor fiduciante e sim, o imóvel em si, o que não é devido, haja vista que só é possível a penhora dos direitos.

Note-se que a possibilidade de alienação por até 50% da avaliação, desde que autorizada pelo credor (inserida no ordenamento pela Lei 14.711/23), é um direito deste e não do devedor fiduciante. Além disso não faz sentido aqui, já que nada gerará de benefício econômico ao executado e, portanto, nada trará de valores para a execução.

O direito do devedor fiduciante vinculados à sua única residência, a exceção de dívida com o próprio credor fiduciário, é impenhorável, nos termos da Lei 8.009/90, na medida que a impenhorabilidade do bem de família visa garantir a moradia do cidadão, que neste caso é viabilizada pelo direito em apreço.

5. § 2º No segundo leilão, será aceito o maior lance oferecido, desde que seja igual ou superior ao valor integral da dívida garantida pela alienação fiduciária, das despesas, inclusive emolumentos cartorários, dos prêmios de seguro, dos encargos legais, inclusive tributos, e das contribuições condominiais, podendo, caso não haja lance que alcance referido valor, ser aceito pelo credor fiduciário, a seu exclusivo critério, lance que corresponda a, pelo menos, metade do valor de avaliação do bem.

O STJ já decidiu neste sentido:

> PROCESSUAL CIVIL. AGRAVO INTERNO NO AGRAVO EM RECURSO ESPECIAL. DECISÃO DA PRESIDÊNCIA DO STJ. SÚMULA N. 182 DO STJ. RECONSIDERAÇÃO. EMBARGOS DE TERCEIRO. ALIENAÇÃO FIDUCIÁRIA. DIREITOS SOBRE O IMÓVEL. IMPENHORABILIDADE. SÚMULA N. 83/STJ. AGRAVO INTERNO PROVIDO. AGRAVO EM RECURSO ESPECIAL DESPROVIDO.
>
> 1. "Os direitos que o devedor fiduciante possui sobre o contrato de alienação fiduciária de imóvel em garantia estão afetados à aquisição da propriedade plena do bem. E, se este bem for o único imóvel utilizado pelo devedor fiduciante ou por sua família, para moradia permanente, tais direitos estarão igualmente afetados à aquisição de bem de família, razão pela qual, enquanto vigente essa condição, sobre eles deve incidir a garantia da impenhorabilidade à que alude o art. 1° da Lei 8.009/90, ressalvada a hipótese do inciso II do art. 3° da mesma lei". (REsp 1629861/DF, Rel. Ministra NANCY ANDRIGHI, TERCEIRA TURMA, julgado em 06/08/2019, DJe 08/08/2019).
>
> 2. Agravo interno a que se dá provimento para reconsiderar a decisão da Presidência desta Corte e negar provimento ao agravo nos próprios autos.
>
> (EDcl no AgInt no EAREsp 1768295/PR, 4ª Turma, DEJ 13/08/2021)
>
> RECURSO ESPECIAL. EXECUÇÃO DE TÍTULO EXTRAJUDICIAL. OMISSÃO DO ACÓRDÃO RECORRIDO. INEXISTÊNCIA. PENHORA DE DIREITOS DO DEVEDOR SOBRE IMÓVEL GRAVADO COM ALIENAÇÃO FIDUCIÁRIA EM GARANTIA. IMÓVEL DE ALTO PADRÃO. IRRELEVÂNCIA. APLICAÇÃO DA REGRA DA IMPENHORABILIDADE. POSSIBILIDADE. RECURSO DESPROVIDO.
>
> 1. A discussão versa em saber se os direitos econômicos do devedor fiduciante sobre o imóvel objeto do contrato de alienação fiduciária em garantia podem

receber a proteção da impenhorabilidade do bem de família em execução de título extrajudicial (contrato de confissão de dívida) promovido por terceiro.

...

4. A intenção do devedor fiduciante, ao oferecer o imóvel como garantia ao contrato de alienação fiduciária, não é, ao fim e ao cabo, transferir para o credor fiduciário a propriedade plena do bem, diversamente do que ocorre na compra e venda, mas apenas garantir o adimplemento do contrato de financiamento a que se vincula, objetivando que, mediante o pagamento integral da dívida, a propriedade plena do bem seja restituída ao seu patrimônio.

5. Por isso, em se tratando do único imóvel utilizado pelo devedor fiduciante ou por sua família, para moradia permanente, tais direitos estarão igualmente protegidos como bem de família, em ação de execução movida por terceiro estranho ao contrato garantido por alienação fiduciária, razão pela qual, enquanto vigente essa condição, sobre ele deve incidir a garantia da impenhorabilidade a que alude o art. 1º da Lei 8.009/1990.

6. No caso, sendo o recorrido possuidor direto do imóvel dado em garantia do contrato de alienação fiduciária firmado para aquisição do próprio imóvel e constatado pelo Tribunal de origem que o bem destina-se à residência do executado e de sua família, há de ser oposta ao terceiro exequente a garantia da impenhorabilidade do bem de família, no que tange aos direitos do devedor fiduciário.

7. Recurso especial desprovido.

(REsp 1726733/SP, 3ª Turma, DJE 13/10/2020)

PROCESSUAL CIVIL. PENHORA SOBRE DIREITOS. CONTRATO DE ALIENAÇÃO FIDUCIÁRIA. POSSIBILIDADE. ANUÊNCIA DO CREDOR FIDUCIÁRIO. DESNECESSIDADE.

> ...
>
> 4. Contudo, deve-se ressalvar o entendimento atual do STJ no sentido de que, caso "o imóvel dado em garantia na alienação fiduciária for o único utilizado pelo devedor fiduciante ou por sua família para moradia permanente, os direitos decorrentes do contrato estarão afetados à aquisição de bem de família, razão pela qual, enquanto vigente essa condição, sobre eles deve incidir a garantia da impenhorabilidade à que alude o art. 1º da Lei 8.009/90, ressalvadas as hipóteses do art. 3º da mesma lei" (REsp 1658601/SP, Rel. Ministra Nancy Andrighi, Terceira Turma, DJe 15/8/2019). No mesmo sentido: REsp 1677079/SP, Rel. Ministro Ricardo Villas Bôas Cueva, Terceira Turma, DJe 01/10/2018
>
> 5. Recurso Especial parcialmente provido.
>
> (REsp 1821115/PI, 2ª Turma, DEJ 18/05/2020)

A possibilidade de penhora em execução da dívida com o próprio credor fiduciário também já foi reconhecida pelo STJ:

> PROCESSO CIVIL. AGRAVO INTERNO. EMBARGOS DIVERGÊNCIA. ALIENAÇÃO FIDUCIÁRIA DE BEM IMÓVEL RECONHECIDO COMO BEM DE FAMÍLIA. POSSIBILIDADE. CONDUTA QUE FERE A ÉTICA E A BOA-FÉ. SÚMULA 168 DO STJ.
>
> 1. À luz da jurisprudência dominante das Turmas de Direito Privado: (a) a proteção conferida ao bem de família pela Lei n. 8.009/90 não importa em sua inalienabilidade, revelando-se possível a disposição do imóvel pelo proprietário, inclusive no âmbito de alienação fiduciária; e (b) a utilização abusiva de tal direito, com evidente violação do princípio da boa-fé objetiva, não deve ser tolerada, afastando-se o benefício conferido ao titular que exerce o direito em desconformidade com o ordenamento jurídico. Precedentes.
>
> 2. Agravo interno não provido.

(AgInt nos EDv nos EREsp 1560562, 2ª Seção, DEJ 30/06/2020)

AGRAVO INTERNO NOS EMBARGOS DE DECLARAÇÃO NO AGRAVO EM RECURSO ESPECIAL - AÇÃO DECLARATÓRIA DE NULIDADE DE CLÁUSULA CONTRATUAL - DECISÃO MONOCRÁTICA QUE NEGOU PROVIMENTO AO RECLAMO INSURGÊNCIA DA PARTE AUTORA.

1. Nos termos da orientação firmada nos autos do REsp. 1.559.348/DF, com o propósito de vedar a ocorrência de comportamento contraditório, prestigiando o princípio da boa-fé contratual, este Superior Tribunal de Justiça passou a reconhecer a possibilidade de penhora incidente sobre bem de família oferecido por pessoa física

como garantia em contrato de mútuo em benefício de pessoa jurídica.

2. Agravo interno desprovido.

(AgInt nos EDcl no AREsp 1507594/MG, Rel. Ministro MARCO BUZZI, QUARTA TURMA, julgado em 30/03/2020, DJe 01/04/2020)

Nos casos de bem alienado fiduciariamente à própria exequente, como proceder?

Tratando-se de bem dado em garantia à própria parte exequente em vias de consolidação da propriedade, não se faz necessária restrição judicial, a questão é resolvida administrativamente. Isso porque, havendo "sobra de valor", é devida a compensação das dívidas, conforme previsão do Código Civil[6], já que estamos diante de caso nítido de credores e devedores recíprocos.

Com efeito, neste caso a sugestão é que o advogado solicite ao seu cliente que seja efetivada tal compensação,

6. Artigo 368: Se duas pessoas forem ao mesmo tempo credor e devedor uma da outra, as duas obrigações extinguem-se, até onde se compensarem.

comunicando imediatamente o advogado titular da cobrança judicial com a remessa de demonstrativo atualizado da dívida remanescente ou confirmação de liquidação, se for o caso. De qualquer forma, é também pertinente solicitação visando que o advogado seja comunicado do resultado do leilão extrajudicial para controle e adoção de medidas cabíveis.

É importante notar que não necessariamente haverá "sobra de valor". Caso o bem não seja vendido nem em 1º nem em 2º leilão por valor superior ao valor da dívida nada mais será devido ao mutuário, conforme determina a Lei 9.514/97, em seu artigo 27, § 5º[7].

Não obstante, adotando posição mais conservadora, é possível também a penhora do direito de devedor fiduciante à eventual saldo, bem como autorização judicial para tal compensação.

Não estando em trâmite consolidação da propriedade, havendo interesse da área gestora do crédito[8], também é pertinente a adoção do sugerido abaixo, à exceção do item "a".

Neste contexto, o que fazer visando dar efetividade à execução de quantia?

Neste contexto, seguem sugestões de medidas objetivando incrementar a efetividade da jurisdição com a expropriação judicial de direitos de devedor fiduciante:

---

7. § 5º Se no segundo leilão não houver lance que atenda ao referencial mínimo para arrematação estabelecido no § 2º, o fiduciário ficará investido na livre disponibilidade do imóvel e exonerado da obrigação de que trata o § 4º deste artigo.
8. É pertinente este esclarecimento uma vez que com a alienação judicial dos direitos a dívida será quitada antecipadamente. Em outras palavras, o crédito ativo deixará de existir.

1) intimação do credor fiduciário para que: informe nos autos o saldo devedor contratual vinculado, parcelas vencidas e vincendas, pagas e não pagas; informe nos autos se já houve consolidação da propriedade, bem como para que; existindo eventual saldo a ser devolvido à parte executada, nos termos do artigo 27, § 4º, da Lei 9.514/97 (bem imóvel) ou artigos 1.364, do CC, e 2º, *caput, in fine*, do Decreto-Lei 911/69 (bem móvel), deposite tal saldo à disposição do juízo da execução, até o limite da dívida objeto de cobrança, e não, entregue-o à parte executada;

2) não sendo caso de consolidação da propriedade e havendo custo benefício na medida[9], penhora dos direitos em questão, através de termo nos autos (artigo 845, § 1º, do CPC - juntar certidão do bem), intimando-se a parte executada e, se for o caso, seu cônjuge (artigo 842, do CPC), na pessoa de seu advogado, caso constituído nos autos, ou pessoalmente, constituindo-o por este ato depositário, nos termos do artigo 841, §§ 1º, 2º e 4º, do CPC;

3) expedição de mandado para avaliação do bem cujos direitos de titularidade da parte executada foram penhorados (no caso de veículos juntar tabela FIPE, conforme artigo 871, IV, do CPC);

4) expedição de certidão para registro da penhora dos direitos, nos termos do disposto no artigo 844, do CPC ou registro da penhora dos direitos no prontuário do veículo junto ao DETRAN através do sistema RENAJUD;

9. Possibilidade de composição amigável ou valor saldo devedor inferior ao valor de avaliação do bem em tantos dinheiros ou mais – critério de valor que pode ser alterado em razão de fatores como liquidez do bem vinculado, valor exequendo, conjuntura econômica atual etc.

5) designação de leilão para venda judicial dos direitos penhorados, resolvendo-se a parte do condômino/cônjuge da parte executa, se for o caso, nos termos do artigo 843, do CPC.

16

BOX DE GARAGEM – PENHORA E ALIENAÇÃO

Penhora de box de garagem tem potencial para trazer alguma efetividade para a execução? É penhorável box de garagem vinculado à bem de família?

Ressalte-se que a penhora de box de garagem, embora não conte, geralmente, com valor expressivo, gera alta probabilidade de composição amigável, já que o mutuário não vai querer perder sua comodidade/segurança e ficar sem lugar onde parar seu veículo em sua residência, à qual geralmente o box é vinculado, além da perda do box implicar na depreciação do preço do imóvel.

Como já sinalizado no título, ressalte-se que mesmo que se trate de box vinculado à residência das partes executadas é cabível a penhora, já que não afeta a moradia da unidade familiar, conforme entendimento sumulado no enunciado 449 do Superior Tribunal de Justiça – STJ[1] e, portanto, de observância obrigatória. Em outras palavras, não há caracterização de bem de família impenhorável, conforme Lei 8.009/90.

É possível aqui ir até além da súmula 49, do STJ, já que este mesmo Superior Tribunal em alguns precedentes

1. Súmula 449, STJ: A vaga de garagem que possui matrícula própria no registro de imóveis não constitui bem de família para efeito de penhora.

permite a penhora inclusive de andar inferior de edificação (como no REsp 968.907 / RS, cuja ementa resta mais a frente transcrita). Neste caso nitidamente o andar inferior não possui matrícula própria. Com efeito, é possível também a penhora de box de garagem sem matrícula própria, devendo restar especificada a propriedade do adquirente em leilão judicial do box e do executado do restante do imóvel na mesma matrícula.

Temos outra alegação comum dos devedores visando impedir a penhora?

Note-se ainda que não há que se falar em dificuldade de alienação decorrente de suposta impossibilidade de alienação do bem para arrematante que não seja condômino do edifício vinculado ao box, considerando ausência de autorização expressa neste sentido na convenção do condomínio e o que determina o artigo 1.331, § 1º, do CC[2].

Primeiro porque pode ser que o bem seja efetivamente adquirido por outro condômino (aliás, é bem provável que isso aconteça), não havendo qualquer justificativa para afirmar previamente que isso não ocorrerá.

Segundo, pois não existe impedimento para alienação judicial para terceiro não condômino. Na verdade, o impedimento em apreço aplica-se apenas aos próprios condôminos e não, ao Poder Judiciário. Neste sentido **Tribunal Regional Federal da 4ª Região – TRF4**, a exemplo do AC

2. Art. 1.331. Pode haver, em edificações, partes que são propriedade exclusiva, e partes que são propriedade comum dos condôminos. § 1º As partes suscetíveis de utilização independente, tais como apartamentos, escritórios, salas, lojas e sobrelojas, com as respectivas frações ideais no solo e nas outras partes comuns, sujeitam-se a propriedade exclusiva, podendo ser alienadas e gravadas livremente por seus proprietários, exceto os abrigos para veículos, que não poderão ser alienados ou alugados a pessoas estranhas ao condomínio, salvo autorização expressa na convenção de condomínio.

5060440-11.2013.404.7100, 1ª Turma, juntado aos autos em 27/08/2015 e do AI nº 70057491615, Primeira Câmara Cível, Tribunal de Justiça do RS, Julgado em 11/06/2014 e **STJ** na própria súmula 449 e precedente posterior esclarecedor:

> Relatório:
>
> "...
>
> Nas razões do presente agravo regimental, a parte ora agravante sustenta, em síntese, que o Tribunal de origem não dirimiu a questão pertinente ao litígio, pois não apreciou a norma do art. 1.331, § 1°, do CC/2002. Insiste que o box de garagem não pode ser penhorado, porque a convenção do condomínio onde ele se encontra não permite a alienação desmembrada dos abrigos de veículos a estranhos ao condomínio.
>
> Salienta que a controvérsia não diz respeito a impenhorabilidade de bem de família, mas sim à vedação do art. 1.331, § 1°, do CC/2002.
>
> ..."
>
> Voto que prevaleceu:
>
> "...
>
> 4. No mais, a parte agravante insiste que o box de garagem não pode ser penhorado, porque a convenção do condomínio onde ele se encontra não permite a alienação desmembrada dos abrigos de veículos a estranhos ao condomínio.
>
> Esta Corte já decidiu que "em condomínio edilício, a vaga de garagem pode ser enquadrada como: (i) unidade autônoma (art. 1.331, § 1°, do CC), desde que lhe caiba matrícula independente no Registro de Imóveis, sendo, então, de uso exclusivo do titular; (ii) direito acessório, quando vinculado a um apartamento, sendo, assim, de uso particular; ou (iii) área comum, quando sua fruição couber a todos os condôminos indistintamente" .(REsp 1152148/SE, de minha

relatoria, QUARTA TURMA, julgado em 13/08/2013, DJe 02/09/2013)

De acordo com o entendimento cristalizado nesta Corte, "a vaga de garagem que possui matrícula própria no registro de imóveis não constitui bem de família para efeito de penhora" (Súmula 449, CORTE ESPECIAL, julgado em 02/06/2010, DJe 21/06/2010).

Confira também:

...

5. Ante o exposto, nego provimento ao agravo regimental.

É o voto."

(AgRg no AGRAVO EM RECURSO ESPECIAL Nº 779.583 – RS, 4ª Turma, julgado em 01/03/2016)

17

FRAÇÃO IDEAL IMÓVEL – PENHORA E ALIENAÇÃO

Qual procedimento deve ser adotado para trazer efetividade à penhora e alienação de fração ideal de cônjuge e coproprietário de bem imóvel indivisível?

Na penhora de fração ideal de bem imóvel indivisível a alienação judicial é da integralidade do bem, resolvendo-se a parte do condômino/cônjuge não executado no produto da alienação, conforme determina o artigo 843, do CPC[1], o que já foi reconhecido pelo STJ:

> DIREITO PROCESSUAL CIVIL. RECURSO ESPECIAL. AÇÃO DE INDENIZAÇÃO. CUMPRIMENTO DE SENTENÇA. PENHORA. BEM IMÓVEL INDIVISÍVEL EM REGIME DE COPROPRIEDADE. ALIENAÇÃO JUDICIAL DO BEM POR INTEIRO. POSSIBILIDADE. ART. 843 DO CPC/2015. CONSTRIÇÃO. LIMITES. QUOTA-PARTE TITULARIZADA PELO DEVEDOR. 1. Cumprimento de sentença em 10/04/2013. Recurso especial interposto em 01/04/2019 e concluso ao gabinete em 21/08/2019. 2.

---

1. Art. 843. Tratando-se de penhora de bem indivisível, o equivalente à quota-parte do coproprietário ou do cônjuge alheio à execução recairá sobre o produto da alienação do bem. § 1º É reservada ao coproprietário ou ao cônjuge não executado a preferência na arrematação do bem em igualdade de condições. § 2º Não será levada a efeito expropriação por preço inferior ao da avaliação na qual o valor auferido seja incapaz de garantir, ao coproprietário ou ao cônjuge alheio à execução, o correspondente à sua quota-parte calculado sobre o valor da avaliação.

O propósito recursal consiste em dizer se, para que haja o leilão judicial da integralidade de bem imóvel indivisível – pertencente ao executado em regime de copropriedade –, é necessária a prévia penhora do bem por inteiro ou, de outro modo, se basta a penhora da quota-parte titularizada pelo devedor. 3. O Código de Processo Civil de 2015, ao tratar da penhora e alienação judicial de bem indivisível, ampliou o regime anteriormente previsto no CPC/1973. 4. Sob o novo quadro normativo, é autorizada a **alienação judicial do bem indivisível, em sua integralidade, em qualquer hipótese de copropriedade**. Ademais, resguarda-se ao coproprietário alheio à execução o direito de preferência na arrematação do bem ou, caso não o queira, a compensação financeira pela sua quota-parte, agora apurada segundo o valor da avaliação, não mais sobre o preço obtido na alienação judicial (art. 843 do CPC/15). 5. Nesse novo regramento, a oposição de embargos de terceiro pelo cônjuge ou coproprietário que não seja devedor nem responsável pelo adimplemento da obrigação se tornou despicienda, na medida em que a lei os confere proteção automática. Basta, de fato, que sejam oportunamente intimados da penhora e da alienação judicial, na forma dos arts. 799, 842 e 889 do CPC/15, a fim de que lhes seja oportunizada a manifestação no processo, em respeito aos postulados do devido processo legal e do contraditório. 6. Ainda, a fim de que seja plenamente resguardado o interesse do coproprietário do bem indivisível alheio à execução, **a própria penhora não pode avançar sobre o seu quinhão, devendo ficar adstrita à quota-parte titularizada pelo devedor**. 7. Com efeito, a penhora é um ato de afetação, por meio do qual são individualizados, apreendidos e depositados bens do devedor, que ficarão à disposição do órgão judicial para realizar o objetivo da execução, que é a satisfação do credor. 8. Trata-se, pois, de um gravame imposto pela atuação jurisdicional do Estado, com vistas à realização coercitiva do direito do credor, que, à toda evidência, não pode ultrapassar o patrimônio do executado ou

> de eventuais responsáveis pelo pagamento do débito, seja qual for a natureza dos bens alcançados. 9. Recurso especial conhecido e provido.
>
> (STJ, REsp 1.818.926/DF, Relatora Ministra Nancy Andrigui, 3ª Turma, julgado em 13/04/2021) (grifos nossos)

Note-se que a penhora se dá pela fração ideal. É apenas a alienação que considera a integralidade do bem. Registro importante, pois a penhora da integralidade dá azo à oposição de embargos de terceiros, com o ônus sucumbencial decorrente.

18

BEM DE FAMÍLIA – PENHORA E DESMEMBRAMENTO

É possível a penhora de residência da parte executada? Existe possibilidade de penhora de bem de família?

Havendo mais de uma residência da parte executada (lugar onde pode habitualmente ser encontrada), sem registro caracterizando-a bem de família, será assim considerada aquela que tiver o menor valor (artigo 5º, parágrafo único, da Lei 8.009/90[1]).

Caso trate-se de bem de família, mas não de pequena propriedade rural impenhorável, pertinente verificar a possibilidade de desmembramento.

Quais os requisitos para caracterização da pequena propriedade rural impenhorável?

A pequena propriedade rural caracteriza-se diante de:

1) imóvel que, independentemente de sua localização, se destine à exploração extrativa agrícola, pecuária ou agroindustrial com área de 1 a 4 módulos fiscais, estes por sua vez dependendo de cada região rural

---

1. Parágrafo único. Na hipótese de o casal, ou entidade familiar, ser possuidor de vários imóveis utilizados como residência, a impenhorabilidade recairá sobre o de menor valor, salvo se outro tiver sido registrado, para esse fim, no Registro de Imóveis e na forma do art. 70 do Código Civil.

específica – artigo 4º, da Lei 8.629/93[2] c/c artigo 50, da Lei 4.504/64[3] c/c artigo 5º, XXVI, da CF[4] e artigo 833, VIII, do CPC[5] - vide Instrução especial/INCRA/ Nº 20, de 28 de maio de 1980);

2) propriedade seja trabalhada pela família (artigo 833, VIII, d CPC).

Neste sentido, precedentes do STJ:

> RECURSO ESPECIAL. DIREITO CIVIL. **IMPENHORABILIDADE. PEQUENA PROPRIEDADE RURAL. REQUISITOS E ÔNUS DA PROVA.**

---

2. Art. 4º Para os efeitos desta lei, conceituam-se: I- Imóvel Rural - o prédio rústico de área contínua, qualquer que seja a sua localização, que se destine ou possa se destinar à exploração agrícola, pecuária, extrativa vegetal, florestal ou agroindustrial; II - Pequena Propriedade - o imóvel rural: a) de área compreendida entre 1 (um) e 4 (quatro) módulos fiscais; a) de área até quatro módulos fiscais, respeitada a fração mínima de parcelamento;
3. Art. 50. Para cálculo do imposto, aplicar-se-á sobre o valor da terra nua, constante da declaração para cadastro, e não impugnado pelo órgão competente, ou resultante de avaliação, a alíquota correspondente ao número de módulos fiscais do imóvel, de acordo com a tabela adiante: § 2º O módulo fiscal de cada Município, expresso em hectares, será determinado levando-se em conta os seguintes fatores: a) o tipo de exploração predominante no Município: I - hortifrutigranjeira; II - cultura permanente; III - cultura temporária; IV - pecuária; V - florestal; b) a renda obtida no tipo de exploração predominante; c) outras explorações existentes no Município que, embora não predominantes, sejam expressivas em função da renda ou da área utilizada; d) o conceito de "propriedade familiar", definido no item II do artigo 4º desta Lei. § 3º O número de módulos fiscais de um imóvel rural será obtido dividindo-se sua área aproveitável total pelo modulo fiscal do Município.
4. Art. 5º Todos são iguais perante a lei, sem distinção de qualquer natureza, garantindo-se aos brasileiros e aos estrangeiros residentes no País a inviolabilidade do direito à vida, à liberdade, à igualdade, à segurança e à propriedade, nos termos seguintes:
XXVI - a pequena propriedade rural, assim definida em lei, desde que trabalhada pela família, não será objeto de penhora para pagamento de débitos decorrentes de sua atividade produtiva, dispondo a lei sobre os meios de financiar o seu desenvolvimento;
5. Art. 833. São impenhoráveis: VIII - a pequena propriedade rural, assim definida em lei, desde que trabalhada pela família;

1. A proteção da pequena propriedade rural ganhou status Constitucional, tendo-se estabelecido, no capítulo voltado aos direitos fundamentais, que a referida propriedade, "assim definida em lei, desde que trabalhada pela família, não será objeto de penhora para pagamento de débitos decorrentes de sua atividade produtiva, dispondo a lei sobre os meios de financiar o seu desenvolvimento" (art. 5°, XXVI). Recebeu, ainda, albergue de diversos normativos infraconstitucionais, tais como: Lei n° 8.009/90, CPC/1973 e CPC/2015.

2. O bem de família agrário é direito fundamental da família rurícola, sendo núcleo intangível - cláusula pétrea -, que restringe, justamente em razão da sua finalidade de preservação da identidade constitucional, uma garantia mínima de proteção à pequena propriedade rural, de um patrimônio mínimo necessário à manutenção e à sobrevivência da família.

3. Para fins de proteção, a norma exige **dois requisitos para negar constrição à pequena propriedade rural**: i) que a área seja qualificada como pequena, nos termos legais; e ii) que a propriedade seja trabalhada pela família.

4. É **ônus do pequeno proprietário, executado, a comprovação de que o seu imóvel se enquadra nas dimensões da pequena propriedade rural**.

5. No entanto, no tocante à exigência da prova de que a referida propriedade é trabalhada pela família, há uma presunção de que esta, enquadrando-se como diminuta, nos termos da lei, será explorada pelo ente familiar, sendo decorrência natural do que normalmente se espera que aconteça no mundo real, inclusive, das regras de experiência (NCPC, art. 375).

6. O próprio microssistema de direito agrário (Estatuto da Terra; Lei 8.629/1993, entre outros diplomas) entrelaça os conceitos de pequena propriedade, módulo rural e propriedade familiar, havendo uma espécie de presunção de que o pequeno imóvel rural se destinará

à exploração direta pelo agricultor e sua família, haja vista que será voltado para garantir sua subsistência.

7. Em razão da presunção juris tantum em favor do pequeno proprietário rural, transfere-se ao exequente o encargo de demonstrar que não há exploração familiar da terra, para afastar a hiperproteção da pequena propriedade rural.

8. Recurso especial não provido.

(REsp 1408152/PR, Rel. Ministro LUIS FELIPE SALOMÃO, QUARTA TURMA, julgado em 01/12/2016, DJe 02/02/2017)

EMENTA: RECURSO ESPECIAL - ARTIGO 333, I, DO CÓDIGO DE PROCESSO CIVIL - PREQUESTIONAMENTO - AUSÊNCIA - EXECUÇÃO DE TÍTULO EXTRAJUDICIAL – **PROPRIEDADE RURAL - CONCEITO - MÓDULO RURAL - IDENTIFICAÇÃO - NECESSIDADE – PEQUENA PROPRIEDADE RURAL UTILIZADA POR ENTIDADE FAMILIAR** - IMPENHORABILIDADE - RECONHECIMENTO - RECURSO ESPECIAL IMPROVIDO.

I - A questão relativa ao artigo 333, I, do Código de Processo Civil, relativo ao ônus da prova, não foi objeto de debate ou deliberação pelo Tribunal de origem, restando ausente, assim, o requisito do prequestionamento da matéria, o que atrai a incidência do enunciado 211 da Súmula desta Corte.

II - Para se saber se o imóvel possui as características para enquadramento na legislação protecionista é necessário ponderar as regras estabelecidas pela Lei n.º 8629/93 que, em seu artigo 4º, estabelece que a pequena propriedade rural é aquela cuja área tenha entre 1 (um) e 4 (quatro) módulos fiscais. Identificação, na espécie.

III - Assim, o imóvel rural, identificado como pequena propriedade, **utilizado para subsistência da família**, é impenhorável. Precedentes desta Eg. Terceira Turma.

IV - Recurso especial improvido.

(Resp nº 1.284.708 – PR)

Em quais hipóteses o desmembramento é possível?

Possibilidade de desmembramento:

Exemplo 1: imóvel de 1.000 m² com construção de 200 m² - em tese seria possível o desmembramento da terra nua remanescente de 800 m² para restrição judicial e potencial alienação judicial – este desmembramento não seria cabível caso tratar-se de pequena propriedade rural;

Exemplo 2: construção de 2 andares onde o andar de baixo é utilizado com fins comerciais – em tese seria possível o desmembramento do andar utilizado com fins não residenciais para restrição judicial e potencial alienação judicial;

Contamos com jurisprudência a respeito?

Neste sentido, já pacificado pelas 2 Turmas de direito privado do STJ:

DIREITO CIVIL E PROCESSUAL CIVIL. RECURSO ESPECIAL. ALEGAÇÃO DE OFENSA A DISPOSITIVO CONSTITUCIONAL. NÃO CABIMENTO. VIOLAÇÃO À COISA JULGADA. BEM DE FAMÍLIA, POSSIBILIDADE DE PENHORA PARCIAL. REEXAME DE MATÉRIA FÁTICO PROBATÓRIA. IMPOSSIBILIDADE.

1.- A alegação de ofensa a dispositivo da Constituição Federal não tem passagem em sede de recurso especial, voltado ao enfrentamento de questões infraconstitucionais, apenas.

2.- **Decisão judicial que determina a penhora parcial de imóvel com extensa área não malfere a coisa julgada proveniente de decisão judicial anterior que reconheceu esse mesmo imóvel como bem de família.**

3.- A Jurisprudência desta Corte já se manifestou positivamente quanto à **possibilidade de desmembramento de imóveis sobre os quais recaiam a proteção conferida pela Lei 8.009/90 quando for possível preservar a destinação própria tutelada pela norma protetiva**. Precedentes.

4.- No caso dos autos, tendo o Tribunal de origem concluído que o imóvel era passível de repartição sem prejuízo de sua qualidade de bem de família, não é possível afirmar que faltava prova nos autos para concluir nesse sentido, sem que novamente se examinasse o caderno probatório. Incidência da Súmula 07/STJ.

5.- Agravo Regimental desprovido.

(STJ, AgAREsp 439292, 3ª Turma, Rel. Min. Sidnei Beneti, DJE 13/03/2014)

AGRAVO REGIMENTAL. AGRAVO DE INSTRUMENTO. IRREGULARIDADE FORMAL. NÃO IMPUGNAÇÃO DAS BASES DA DECISÃO AGRAVADA. INCIDÊNCIA DA SÚMULA 182/STJ. **BEM DE FAMÍLIA. IMÓVEL. DESMEMBRAMENTO. PENHORA DE FRAÇÃO. POSSIBILIDADE.**

1. Não se conhece de agravo regimental por falta do requisito da regularidade formal se o agravante não ataca, de forma específica, as bases da decisão agravada. Aplicação da Súmula 182 do Superior Tribunal de Justiça.

2. "Admite-se, no entanto, a **penhora de parte do imóvel quando possível o seu desmembramento** sem descaracterizá-lo, levando em consideração, com razoabilidade, as circunstâncias e peculiaridades do caso" (REsp 326.171/GO, Rel. Min. Sálvio de Figueiredo Teixeira, 4ª Turma, DJ 22/10/2001).

3. Agravo regimental não conhecido.

(STJ, AgRg no Ag 1117446 / RS

AGRAVO REGIMENTAL NO AGRAVO DE INSTRUMENTO 2008/0252387-3 Relator(a) Ministro FERNANDO

GONÇALVES (1107) Órgão Julgador T4 - QUARTA TURMA Data do Julgamento 02/03/2010 Data da Publicação/Fonte DJe 15/03/2010) (grifos nossos)

AGRAVO REGIMENTAL. AGRAVO DE INSTRUMENTO. MATÉRIA CONSTITUCIONAL. IRREGULARIDADE FORMAL. NÃO IMPUGNAÇÃO DAS BASES DA DECISÃO AGRAVADA. INCIDÊNCIA DA SÚMULA 182/STJ. REEXAME DE PROVAS. IMPOSSIBILIDADE SÚMULA 7/STJ. **BEM DE FAMÍLIA. IMÓVEL. DESMEMBRAMENTO. PENHORA DE FRAÇÃO. POSSIBILIDADE.**

1. Refoge à competência deste Superior Tribunal de Justiça, a quem a Carta Política (art. 105, III) confia a tarefa de unificação do direito federal, apreciar violação de dispositivo constitucional.

2. Não se conhece de agravo regimental por falta do requisito da regularidade formal se o agravante não ataca, de forma específica, as bases da decisão agravada. Aplicação da súmula 182 do Superior Tribunal de Justiça.

3. Tendo o Tribunal a quo consignado a possibilidade de fracionamento do imóvel, a revisão dessa circunstância é vedada em sede de recurso especial, ante o óbice da súmula 7 desta Corte.

4. "Admite-se, no entanto, a **penhora de parte do imóvel quando possível o seu desmembramento** sem descaracterizá-lo, levando em consideração, com razoabilidade, as circunstâncias e peculiaridades do caso" (REsp 326.171/GO, Rel. Min. Sálvio de Figueiredo Teixeira,

4ª Turma, DJ 22/10/2001).

5. Agravo regimental desprovido.

(STJ, AgRg no Ag 1130780 / RS

AGRAVO REGIMENTAL NO AGRAVO DE INSTRUMENTO 2008/0275072-3 Relator(a) Ministro FERNANDO GONÇALVES (1107) Órgão Julgador T4 - QUARTA TURMA

Data do Julgamento 23/03/2010 Data da Publicação/ Fonte DJe 12/04/2010) (grifos nossos)

CIVIL E PROCESSO CIVIL. RECURSO ESPECIAL. **BEM DE FAMÍLIA. IMPENHORABILIDADE. ANDAR INFERIOR DA RESIDÊNCIA OCUPADO POR ESTABELECIMENTO COMERCIAL E GARAGEM. DESMEMBRAMENTO. POSSIBILIDADE.** SÚMULA 7/STJ. EMBARGOS DECLARATÓRIOS. OBJETIVO DE PREQUESTIONAMENTO. CARÁTER PROTELATÓRIO. AUSÊNCIA. SÚMULA 98/STJ. MULTA. AFASTAMENTO.

- A jurisprudência desta Corte admite o desmembramento do imóvel protegido pela Lei 8.009/90, desde que tal providência não acarrete a descaracterização daquele e que não haja prejuízo para a área residencial.

- Na presente hipótese, demonstrou-se que o andar inferior do imóvel é ocupado por estabelecimento comercial e por garagem, enquanto a moradia dos recorrentes fica restrita ao andar superior.

- Os recorrentes não demonstraram que o desmembramento seria inviável ou implicaria em alteração na substância do imóvel. Súmula 7/STJ.

- É pacífica a jurisprudência do STJ de que os embargos declaratórios opostos com intuito de prequestionar temas de futuro recurso especial não têm caráter protelatório. Súmula 98 do STJ. Afastamento da multa. Recurso especial parcialmente provido.

(STJ, REsp 968907 / RS RECURSO ESPECIAL 2007/0165161-3 Relator(a) Ministra NANCY ANDRIGHI (1118) Órgão Julgador T3 - TERCEIRA TURMA Data do Julgamento 19/03/2009 Data da Publicação/Fonte DJe 01/04/2009) (grifos nossos)

Faz-se necessário desmembramento formal junto ao CRI/prefeitura?

Ressalte-se que não é necessário desmembramento formal do imóvel junto à prefeitura e cartório de registro de imóveis - CRI. É preciso apenas espaço no terreno para outra construção, de preferência com acesso individual; andar utilizado com fins comerciais etc.

O desmembramento gerará somente a inclusão de um terceiro arrematante como coproprietário de área do imóvel.

Note-se que o Superior Tribunal de Justiça - STJ em alguns precedentes permite a penhora inclusive de andar inferior de edificação (como no REsp 968.907 / RS, cuja ementa resta acima transcrita). Veja-se que no caso de desmembramento de andar inferior nitidamente não será possível o fracionamento na matrícula do imóvel junto ao CRI ou à prefeitura (trata-se da mesma construção que teve um pedaço desmembrado, qual seja, o andar inferior).

Da mesma forma o TRF4, em especial no AI Nº 5027785-72.2015.4.04.0000/RS[6] e AI Nº 5015164-43.2015.404.0000/RS[7].

---

6. "...A jurisprudência admite a possibilidade de desmembramento do imóvel em que reside a parte executada, ainda que impenhorável a teor da Lei 8.009/90, desde que não acarrete a sua descaracterização e que não haja prejuízo para a área residencial...A decisão agravada, por sua vez, considerou que 'tratando-se de bem imóvel indivisível, o praceamento de parcela do imóvel não seria atrativo aos eventuais licitantes, sendo que a arrematação criaria um condomínio forçado entre o arrematante e os titulares das outras frações'. Ocorre que, tratando-se justamente de requerimento para que seja constatada, *in loco*, a possibilidade de desmembramento ou não do imóvel em questão, para só então se proceder aos consequentes atos executórios, não se afigura razoável o entendimento do Juízo *a quo*, quanto mais tendo em conta que o exequente praticamente exauriu as tentativas de penhora de bens dos agravados, restando o imóvel em tela possivelmente como a única forma do credor satisfazer parte de seu crédito. Além disso, eventual dificuldade de alienação do bem em condomínio ou com cláusula de usufruto não seria impedimento bastante para a penhora..."

7. "...Na matrícula do referido imóvel (OUT4, evento 15 na origem), consta: - área de 1.575,00m²; - casa de alvenaria de 110,66m². Na esteira de

É necessária perícia técnica para o desmembramento?

Importante esclarecer, ainda, que o oficial de justiça, via de regra, não precisa de conhecimentos técnicos específicos para certificar sobre a possibilidade ou não de desmembramento. Basta uma verificação visual, com fotos, sobre a utilização de pavimento do imóvel com fins comerciais, garagem apartada da residência com acesso individual, terra nua que viabilize outra construção no terreno com acesso individual, etc.

Imóvel de propriedade do executado residido pela sua família, mas não por ele mesmo é bem de família impenhorável?

Imóvel de propriedade do executado residido pela sua família, mas não por ele mesmo não é bem de família impenhorável, conforme precedente isolado do STJ:

> PROCESSUAL CIVIL. EXECUÇÃO FISCAL. **PENHORA. ÚNICO BEM DE FAMÍLIA EM QUE RESIDE FILHO, ESPOSA E NETAS DO DEVEDOR. ARTIGOS 1º E 5º DA LEI N. 8.009/90. INTERPRETAÇÃO EXTENSIVA. IMPOSSIBILIDADE.**
>
> 1. Só deve ser considerado como bem de família o **único imóvel residencial** pertencente ao casal ou à entidade familiar, conforme artigos 1º e 5º da Lei n. 8.009/90, vigente à época dos fatos.
>
> 2. **Imóvel ocupado por filho, sua esposa e filhas**, embora considerado como único bem do devedor,

---

precedentes do STJ, resguardando a residência familiar, é possível determinar que a penhora recaia sobre uma área sobejante do imóvel. Nesse sentido, dentre outros, *verbis*:...Por esses motivos, com fulcro no art. 557, § 1º-A, do CPC, alterado pela Lei nº 9.756/1998, dou provimento ao agravo de instrumento para a imediata expedição de mandado de penhora do imóvel, em parte que sobeja à residência familiar..."

> **não apresenta as características exigidas para ser tido como bem de família** e ser albergado como impenhorável.
>
> 3. O objetivo do legislador, sem dúvida alguma, foi tentar oferecer à entidade familiar o mínimo de garantia para sua mantença, protegendo os bens primordiais da vida. Para que haja o direito de impenhorabilidade, **é imprescindível que haja prova do requisito (art. 5º) exigido pela Lei n. 8.009/90, vale dizer, que o imóvel é o único destinado à residência do devedor como entidade familiar**.
>
> 3. A sustentação de um regime democrático é a obediência a uma soma de princípios, entre eles o do respeito ao ordenamento jurídico positivado, o da dignidade humana e o dos Poderes constituídos exercerem as suas competências de acordo com os ditames constitucionais. Ao Judiciário não cabe legislar. A atribuição que tem de interpretar a lei, quando é chamado a aplicá-la, não o autoriza agir como se fosse legislador, acrescentando ou tirando direitos nela não previstos.
>
> 4. Recurso não-provido.
>
> (REsp 967137 / AL, RECURSO ESPECIAL 2007/0158855-2, Relator Ministro Ministro JOSÉ DELGADO, Órgão Julgador **Primeira Turma**, D.J. 18.12.2007, STJ)

Interessante o trecho do julgado que trata da vedação constitucional ao ativismo judicial. Repare-se bem junto à previsão legal constante no artigo 1º, da Lei 8.009/90:

> Art. 1º O **imóvel residencial próprio** do casal, ou **da entidade familiar**, é impenhorável e não responderá por qualquer tipo de dívida civil, comercial, fiscal, previdenciária ou de outra natureza, contraída pelos cônjuges ou pelos pais ou filhos que sejam seus proprietários e nele residam, salvo nas hipóteses previstas nesta lei.

Veja-se que não há discussão que os filhos, ainda que solteiros, constituem uma entidade familiar (súmula 364, do STJ). A questão aqui é que o imóvel não é de propriedade (próprio) desta (entidade familiar). Não é também residencial próprio do devedor, como exige a lei.

Não obstante, temos julgados do STJ sobre o tema, inclusive da própria 1ª Turma, em sentido oposto:

> EXECUÇÃO FISCAL. IMPENHORABILIDADE DO BEM DE FAMÍLIA. IMÓVEL OBJETO DA PENHORA. RESIDÊNCIA DA GENITORA E DO IRMÃO DO EXECUTADO. ENTIDADE FAMILIAR.
>
> I - Conforme consignado no v. acórdão, o imóvel objeto da penhora serve de moradia ao irmão e à genitora do recorrido-executado, sendo que este mora em uma casa ao lado, a qual não lhe pertence, pois a casa de sua propriedade, objeto da penhora em questão, não comporta a moradia de toda a sua família.
>
> II - O fato de o executado não morar na residência que fora objeto da penhora não tem o condão de afastar a impenhorabilidade do imóvel, sendo que este pode estar até mesmo alugado, *porquanto a renda auferida pode ser utilizada para que a família resida em outro imóvel alugado ou, ainda, para a própria manutenção da entidade familiar.* Precedentes, dentre outros: AgRg no Ag nº 902.919/PE, Rel. Min. LUIZ FUX, DJe de 19/06/2008; REsp nº 698.750/SP, Rel. Min. DENISE ARRUDA, DJ de 10/05/2007.
>
> III - No que toca à presença da entidade familiar, destaque-se que o recorrido mora ao lado de seus familiares, restando demonstrada a convivência e a interação existente entre eles.
>
> IV - Outrossim, é necessário esclarecer que o espírito da Lei nº 8.009/90 é a proteção da família, visando resguardar o ambiente material em que vivem seus membros, não se podendo excluir *prima facie* do conceito de

entidade familiar o irmão do recorrido, muito menos sua própria genitora. Precedentes: REsp nº 186.210/PR, Rel. Min. ARI PARGENDLER, DJ de 15/10/2001; REsp nº 450.812/RS, Rel. Min. FRANCISCO FALCÃO, DJ de 03/11/2004; REsp nº 377.901/GO, Rel. Min. FRANCISCO PEÇANHA MARTINS, DJ de 11/04/2005.

V - Desse modo, tratando-se de bem imóvel do devedor em que residem sua genitora e seu irmão, **ainda que nele não resida o executado, deve ser aplicado o benefício da impenhorabilidade**, conforme a melhor interpretação do que dispõe o artigo 1º da Lei 8.009/90.

VI - Recurso especial improvido.

(Resp Nº 1.095.611 – SP, 1ª Turma, julgado em 17/03/2009)

AGRAVO INTERNO NO RECURSO ESPECIAL. EXECUÇÃO FISCAL. DOIS IMÓVEIS DO DEVEDOR DESTINADOS À RESIDÊNCIA DE ENTIDADES FAMILIARES DISTINTAS. BENS DE FAMÍLIA. IMPENHORABILIDADE.

1. É possível atribuir o benefício da impenhorabilidade a mais de um imóvel do devedor, desde que destinados à residência de membros de sua família que, devido à separação judicial ou à dissolução de união estável, constituíram entidades familiares distintas. Precedentes.

2. Caso dos autos no qual em um dos imóveis reside o devedor com a atual esposa e no outro moram a ex-companheira com o filho do antigo casal. Admitida a impenhorabilidade de ambos os bens.

3. Agravo interno a que se nega provimento.

(AgInt no REsp 1801059 / SE, 2ª Turma, julgado em 11/06/2019)

RECURSO ESPECIAL. DIREITO CIVIL. EXECUÇÃO. EMBARGOS DE TERCEIROS. PENHORA INCIDENTE SOBRE IMÓVEL NO QUAL RESIDEM FILHAS DO EXECUTADO.

BEM DE FAMÍLIA. CONCEITO AMPLO DE ENTIDADE FAMILIAR. RESTABELECIMENTO DA SENTENÇA.

1. "A interpretação teleológica do Art. 1º, da Lei 8.009/90, revela que a norma não se limita ao resguardo da família. Seu escopo definitivo é a proteção de um direito fundamental da pessoa humana: o direito à moradia" (EREsp 182.223/SP, Corte Especial, Rel. Min. Humberto Gomes de Barros, DJ 6/2/2002).

2. A impenhorabilidade do bem de família visa resguardar não somente o casal, mas o sentido amplo de entidade familiar. Assim, no caso de separação dos membros da família, como na hipótese em comento, a entidade familiar, para efeitos de impenhorabilidade de bem, não se extingue, ao revés, surge em duplicidade: uma composta pelos cônjuges e outra composta pelas filhas de um dos cônjuges. Precedentes.

3. A finalidade da Lei n. 8.009/90 não é proteger o devedor contra suas dívidas, tornando seus bens impenhoráveis, mas, sim, reitera-se, a proteção da entidade familiar no seu conceito mais amplo.

4. Recurso especial provido para restabelecer a sentença.

(REsp 1.126.173/MG, Rel. Min. RICARDO VILLAS BÔAS CUEVA, TERCEIRA TURMA, julgado em 9/4/2013, DJe 12/4/2013)

PROCESSO CIVIL. EXECUÇÃO. PENHORA. BEM DE FAMÍLIA. SEPARAÇÃO DO CASAL POSTERIOR. PENHORA INCIDENTE SOBRE IMÓVEL QUE O EX-MARIDO VEIO A RESIDIR. EXCLUSÃO. MÁ-FÉ NÃO DEMONSTRADA. RECURSO IMPROVIDO.

1. A impenhorabilidade do bem de família, prevista no art. 1º, da Lei n. 8.009/90, visa resguardar não somente o casal, mas a própria entidade familiar.

2. A entidade familiar, deduzido dos arts. 1º da Lei 8.009/90 e 226, § 4º da CF/88, agasalha, segundo a

aplicação da interpretação teleológica, a pessoa que, como na hipótese, é separada e vive sozinha, devendo o manto da impenhorabilidade, dessarte, proteger os bens móveis guarnecedores de sua residência. Precedente: (REsp 205170/SP, DJ 07.02.2000).

3. Com efeito, no caso de separação dos cônjuges, a entidade familiar, para efeitos de impenhorabilidade de bem, não se extingue, ao revés, surge uma duplicidade da entidade, composta pelos ex-cônjuges varão e virago.

4. Deveras, ainda que já tenha sido beneficiado o devedor, com a exclusão da penhora sobre bem que acabou por incorporar ao patrimônio do ex-cônjuge, não lhe retira o direito de invocar a proteção legal quando um novo lar é constituído.

[...]

8. Recurso especial improvido.

(REsp 859.937/SP, Rel. Min. LUIZ FUX, PRIMEIRA TURMA, julgado em 4/12/2007, DJ 28/2/2008, p. 74)

RECURSO ESPECIAL - PROCESSUAL CIVIL - RESIDÊNCIA DA FAMÍLIA - LEI N. 8.009/90 - IMPENHORABILIDADE. Se o constituinte buscou proteger a comunidade formada por qualquer dos pais e seus descendentes considerando-a como entidade familiar (art. 226, § 4º, da CF), afigura-se justo que, no caso em exame, o benefício da impenhorabilidade instituído pela Lei n. 8.009/90 alcance o imóvel em que reside a ex-companheira e os filhos do proprietário desse bem constrito, ainda que este último, por força de acordo firmado na ação de reconhecimento e dissolução de sociedade de fato, não mais resida no mesmo imóvel. Recurso Especial a que se dá provimento.

(REsp 272.742/PR, Rel. Min. NANCY ANDRIGHI, TERCEIRA TURMA, julgado em 5/4/2001, DJ 28/5/2001, p. 197)

Algumas das decisões trazidas na referência acima tratam de imóvel de propriedade de cônjuge da parte executada que nele reside, o que não o caso aqui em análise, havendo distinção, portanto.

Outras, como a do Resp Nº 1.095.611 – SP, 1ª Turma, julgado em 17/03/2009, conforme item V, da ementa, tratam efetivamente de residência de não proprietário do imóvel de propriedade exclusiva da parte executada, o que implica, *data máxima vênia*, em nítido ativismo judicial indevido.

19

HIPÓTESE SUSPENSÃO DA EXECUÇÃO

Em quais hipóteses é devida a suspensão da execução?

EFEITO SUSPENSIVO EMBARGOS À EXECUÇÃO

Quais os requisitos para concessão de efeito suspensivo aos embargos à execução? Estando a execução garantida por bens penhorados suficientes para sua satisfação, o efeito suspensivo é automático?

Os embargos somente devem receber efeito suspensivo quando preenchidos todos os requisitos (de forma cumulativa) indicados no artigo 919, § 1º, do diploma processual, quais sejam:

> 1 - Garantia da execução;
>
> 2 - Aparência de direito/fumaça do bom direito/*fumus boni iuris*;
>
> 3 - Risco da demora/*periculum in mora* ou evidência.

Vejamos o que determina o CPC:

> Art. 919. Os embargos à execução não terão efeito suspensivo.
>
> § 1º O juiz poderá, a requerimento do embargante, atribuir efeito suspensivo aos embargos **quando**

verificados os requisitos para a concessão da tutela provisória e desde que a execução já esteja garantida por penhora, depósito ou caução suficientes.

§ 2º Cessando as circunstâncias que a motivaram, a decisão relativa aos efeitos dos embargos poderá, a requerimento da parte, ser modificada ou revogada a qualquer tempo, em decisão fundamentada.

§ 3º Quando o efeito suspensivo atribuído aos embargos disser respeito apenas a parte do objeto da execução, esta prosseguirá quanto à parte restante.

§ 4º A concessão de efeito suspensivo aos embargos oferecidos por um dos executados não suspenderá a execução contra os que não embargaram quando o respectivo fundamento disser respeito exclusivamente ao embargante.

§ 5º A concessão de efeito suspensivo não impedirá a efetivação dos atos de substituição, de reforço ou de redução da penhora e de avaliação dos bens.

Art. 294. A tutela provisória pode fundamentar-se em urgência ou evidência.

Art. 300. A tutela de urgência será concedida quando houver elementos que evidenciem a **probabilidade do direito e o perigo de dano ou o risco ao resultado útil do processo**.

Art. 311. A tutela da evidência será concedida, independentemente da demonstração de perigo de dano ou de risco ao resultado útil do processo, quando:

I - ficar caracterizado o abuso do direito de defesa ou o manifesto propósito protelatório da parte;

II - as alegações de fato puderem ser comprovadas apenas documentalmente **e houver tese firmada em julgamento de casos repetitivos ou em súmula vinculante**;

> III - se tratar de pedido reipersecutório fundado em prova documental adequada do contrato de depósito, caso em que será decretada a ordem de entrega do objeto custodiado, sob cominação de multa;
>
> IV - a petição inicial for instruída com **prova documental suficiente dos fatos constitutivos do direito do autor**, a que o réu não oponha prova capaz de gerar dúvida razoável.

Neste sentido, inclusive para casos de Execução Fiscal, é o entendimento consolidado do Superior Tribunal de Justiça – STJ, nos moldes do artigo 1.036, do CPC, recursos repetitivos e, portanto, de observância obrigatória:

> PROCESSUAL CIVIL. TRIBUTÁRIO. **RECURSO REPRESENTATIVO DA CONTROVÉRSIA. ART. 543-C, DO CPC.** APLICABILIDADE DO ART. 739-A, §1º, DO CPC ÀS EXECUÇÕES FISCAIS. **NECESSIDADE DE GARANTIA DA EXECUÇÃO E ANÁLISE DO JUIZ A RESPEITO DA RELEVÂNCIA DA ARGUMENTAÇÃO (FUMUS BONI JURIS) E DA OCORRÊNCIA DE GRAVE DANO DE DIFÍCIL OU INCERTA REPARAÇÃO (PERICULUM IN MORA) PARA A CONCESSÃO DE EFEITO SUSPENSIVO AOS EMBARGOS DO DEVEDOR OPOSTOS EM EXECUÇÃO FISCAL.**
>
> 1. A previsão no ordenamento jurídico pátrio da regra geral de atribuição de efeito suspensivo aos embargos do devedor somente ocorreu com o advento da Lei n. 8.953, de 13, de dezembro de 1994, que promoveu a reforma do Processo de Execução do Código de Processo Civil de 1973 (Lei n. 5.869, de 11 de janeiro de 1973 - CPC/73), nele incluindo o §1º do art. 739, e o inciso I do art. 791.
>
> 2. Antes dessa reforma, e inclusive na vigência do Decreto-lei n. 960, de 17 de dezembro de 1938, que disciplinava a cobrança judicial da dívida ativa da Fazenda Pública em todo o território nacional, e do Código de Processo Civil de 1939 (Decreto-lei n. 1.608/39), nenhuma lei previa expressamente a atribuição, em regra, de

efeitos suspensivos aos embargos do devedor, somente admitindo-os excepcionalmente. Em razão disso, o efeito suspensivo derivava de construção doutrinária que, posteriormente, quando suficientemente amadurecida, culminou no projeto que foi convertido na citada Lei n. 8.953/94, conforme o evidencia sua Exposição de Motivos – Mensagem n. 237, de 7 de maio de 1993, DOU de 12.04.1994, Seção II, p. 1696.

3. Sendo assim, resta evidente o equívoco da premissa de que a LEF e a Lei n. 8.212/91 adotaram a postura suspensiva dos embargos do devedor antes mesmo de essa postura ter sido adotada expressamente pelo próprio CPC/73, com o advento da Lei n. 8.953/94, fazendo tábula rasa da história legislativa.

4. Desta feita, à luz de uma interpretação histórica e dos princípios que nortearam as várias reformas nos feitos executivos da Fazenda Pública e no próprio Código de Processo Civil de 1973, mormente a eficácia material do feito executivo a primazia do crédito público sobre o privado e a especialidade das execuções fiscais, é ilógico concluir que a Lei n. 6.830 de 22 de setembro de 1980 - Lei de Execuções Fiscais - LEF e o art. 53, §4º da Lei n. 8.212, de 24 de julho de 1991, foram em algum momento ou são incompatíveis com a ausência de efeito suspensivo aos embargos do devedor. Isto porque quanto ao regime dos embargos do devedor invocavam - com derrogações específicas sempre no sentido de dar maiores garantias ao crédito público - a aplicação subsidiária do disposto no CPC/73 que tinha redação dúbia a respeito, admitindo diversas interpretações doutrinárias.

5. Desse modo, tanto a Lei n. 6.830/80 - LEF quanto o art. 53, §4º da Lei n. 8.212/91 não fizeram a opção por um ou outro regime, isto é, são compatíveis com a atribuição de efeito suspensivo ou não aos embargos do devedor. Por essa razão, não se incompatibilizam com o art. 739-A do CPC/73 (introduzido pela Lei 11.382/2006) que condiciona a atribuição de efeitos

suspensivos aos embargos do devedor ao cumprimento de três requisitos: apresentação de garantia; verificação pelo juiz da relevância da fundamentação (fumus boni juris) e perigo de dano irreparável ou de difícil reparação (periculum in mora).

6. Em atenção ao princípio da especialidade da LEF, mantido com a reforma do CPC/73, a nova redação do art. 736, do CPC dada pela Lei n. 11.382/2006 - artigo que dispensa a garantia como condicionante dos embargos - não se aplica às execuções fiscais diante da presença de dispositivo específico, qual seja o **art. 16, §1º da Lei n. 6.830/80, que exige expressamente a garantia para a apresentação dos embargos à execução fiscal**.

7. Muito embora por fundamentos variados - ora fazendo uso da interpretação sistemática da LEF e do CPC/73, ora trilhando o inovador caminho da teoria do "Diálogo das Fontes", ora utilizando-se de interpretação histórica dos dispositivos (o que se faz agora) - essa conclusão tem sido a alcançada pela jurisprudência predominante, conforme ressoam os seguintes precedentes de ambas as Turmas deste Superior Tribunal de Justiça. Pela Primeira Turma: AgRg no Ag 1381229 / PR, Primeira Turma, Rel. Min. Arnaldo Esteves Lima, julgado em 15.12.2011; AgRg no REsp 1.225.406 / PR, Primeira Turma, Rel. Min. Hamilton Carvalhido, julgado em 15.02.2011; AgRg no REsp 1.150.534 / MG, Primeira Turma, Rel. Min. Benedito Gonçalves, julgado em 16.11.2010; AgRg no Ag 1.337.891 / SC, Primeira Turma, Rel. Min. Luiz Fux, julgado em 16.11.2010; AgRg no REsp 1.103.465 / RS, Primeira Turma, Rel. Min. Francisco Falcão, julgado em 07.05.2009. Pela Segunda Turma: AgRg nos EDcl no Ag n. 1.389.866/PR, Segunda Turma, Rei. Min. Humberto Martins, DJe de 21.9.2011; REsp, n. 1.195.977/RS, Segunda Turma, Rei. Min. Mauro Campbell Marques, julgado em 17/08/2010; AgRg no Ag n. 1.180.395/AL, Segunda Turma, Rei. Min. Castro Meira, DJe 26.2.2010; REsp, n, 1.127.353/SC, Segunda Turma, Rei. Min. Eliana Calmon, DJe 20.11.2009;

REsp, 1.024.128/PR, Segunda Turma, Rei. Min. Herman Benjamin, DJe de 19.12.2008.

8. Superada a linha jurisprudencial em sentido contrário inaugurada pelo REsp. n. 1.178.883 - MG, Primeira Turma, Rel. Min. Teori Albino Zavascki, julgado em 20.10.2011 e seguida pelo AgRg no REsp 1.283.416 / AL, Primeira Turma, Rel. Min. Napoleão Nunes Maia Filho, julgado em 02.02.2012; e pelo REsp 1.291.923 / PR, Primeira Turma, Rel. Min. Benedito Gonçalves, julgado em 01.12.2011.

9. Recurso especial provido. Acórdão submetido ao regime do art. 543-C, do CPC, e da Resolução STJ n. 8/2008.

(REsp 1272827 / PE, S1 - PRIMEIRA SEÇÃO, DJe 31/05/2013)

Ainda neste sentido, TRF4, a exemplo do AI Nº 5028627-86.2014.404.0000/RS e do AI Nº 50335026520154040000/RS.

É comum o preenchimento destes requisitos nos embargos à execução ajuizados?

Geralmente, as teses trazidas nos embargos contra execução de contrato bancário contam com jurisprudência desfavorável ao embargante, como capitalização mensal de juros, limite de juros em 12% ao ano e/ou à média de mercado, Cédula de Crédito Bancário como título executivo, correção monetária pela TR, prescrição do termo final do prazo, etc.

Via de regra também não há garantia da execução e risco da demora.

Em outras palavras, é muito raro o preenchimento de todos os requisitos legais para concessão de efeito suspensivo aos embargos à execução.

A mera expropriação de bens caracteriza risco ao resultado dos embargos?

Quanto à ausência de risco de lesão grave tão somente pela expropriação judicial de bens temos didático precedente do TRF4 proferido na AC 5011979-50.2014.4.04.7107/RS onde são mencionados diversos precedentes[1].

Importante dizer que se a intenção do legislador fosse a de que a suspensão da execução se desse em virtude da expropriação judicial de bens das partes executadas, não teria havido a reforma do CPC/73 no final do ano de 2006, alterando o já revogado artigo 739-A, para tornar o efeito suspensivo exceção. Dever-se-ia então manter a regra de efeito suspensivo automático decorrente da oposição de embargos contra execução garantida por bens suficientes para sua satisfação.

Frise-se que nada impede que a ação executiva prossiga e, no caso de eventual procedência dos embargos, seja

1. "...***Efeito suspensivo. Art. 739-A do CPC.*** A partir da vigência da Lei nº 11.382/06, os embargos à execução devem ser recebidos somente no efeito devolutivo - art. 739-A do CPC - restando possibilitada, de qualquer sorte, a atribuição de efeito suspensivo, uma vez preenchidos concomitantemente os requisitos postos no § 1 do mencionado dispositivo legal, quais sejam: a) exista requerimento expresso do embargante; b) houver relevância na sua fundamentação; c) possibilidade do prosseguimento da execução lhe causar 'grave dano de difícil ou incerta reparação' e d) garantia da execução por penhora, depósito ou caução suficientes. Transcrevo precedentes deste Tribunal neste sentido: ... A parte embargante alegou que a não suspensão da execução poderá resultar na alienação judicial do bem dado em garantia, sem apontarem uma circunstância ou fato que denote a existência de um risco excepcional, a justificar o afastamento da regra geral. Isso porque *'O mero prosseguimento do feito executivo não preenche o suporte fático do dano a que se refere o artigo 739-A do CPC, tendo em vista que a simples oneração patrimonial do devedor e os seus reflexos são inerentes a toda execução'* (TRF4, 1ª Turma, AG nº 5002065-74.2013.404.0000, Rel. Des. Federal JOEL ILAN PACIORNIK, juntados aos autos em 03/10/2013).
No mesmo sentido os seguintes precedentes: ..."

promovida a compensação/restituição de eventuais valores reconhecidos como indevidos.

Uma vez concedido efeito suspensivo aos embargos, a execução é totalmente paralisada?

Por fim, importante que fique claro que eventual concessão de efeito suspensivo não impedirá o regular prosseguimento da execução sobre a parcela incontroversa (artigo 919, § 3º, do CPC[2]). Também não impedirá o curso regular executivo até a efetiva penhora e avaliação de bens suficientes para garantia da dívida exequenda (artigo 919, § 5º, do CPC[3]).

EFEITO SUSPENSIVO IMPUGNAÇÃO AO CUMPRIMENTO DE SENTEÇA

Quais os requisitos para concessão de efeito suspensivo à impugnação ao cumprimento de sentença?

Os requisitos para concessão de efeito suspensivo à impugnação ao cumprimento de sentença são quase os mesmos dos embargos à execução, a exceção da tutela da evidência.

EFEITO SUSPENSIVO REVISIONAL

Ações revisionais da dívida exequenda geram a suspensão da execução?

---

2. § 3º Quando o efeito suspensivo atribuído aos embargos disser respeito apenas a parte do objeto da execução, esta prosseguirá quanto à parte restante.
3. § 5º A concessão de efeito suspensivo não impedirá a efetivação dos atos de substituição, de reforço ou de redução da penhora e de avaliação dos bens.

A existência de demanda revisional do contrato não impede o deferimento de liminar de busca e apreensão/prosseguimento da execução/julgamento da ação de cobrança/monitória/busca e apreensão, conforme entendimento sumulado pelo STJ (enunciado nº. 380[4]) e, portanto, de observância obrigatória, bem como constante em precedentes do Superior Tribunal de Justiça:

> "Ação de busca e apreensão. Mora do devedor. Liminar. Ações revisional e de sustação de protesto anteriormente ajuizadas. Embargos de declaração. Prequestionamento. Precedente da Corte. 1. Não tem pertinência embargos de declaração para alterar a fundamentação do Acórdão, quando suficiente a que foi desenvolvida. 2. Sem prequestionamento não tem passagem o especial. 3. O simples **ajuizamento de uma ordinária de revisão não tem o condão de impedir o curso normal da ação de busca e apreensão, com a liminar correspondente**, certo que houve a necessária constituição em mora, como assentado em precedente da Corte. 4. Recurso especial conhecido e provido. (RESP 192978 de relatoria do Ministro Carlos Alberto Menezes Direito, julgado em 24/06/1999)" (grifou-se)

> "ALIENAÇÃO FIDUCIÁRIA. BUSCA E APREENSÃO. MEDIDA LIMINAR. CONSTITUIÇÃO EM MORA DO DEVEDOR. DECRETO-LEI N. 911/69.1. A concessão de medida liminar em ação de busca e apreensão decorrente do inadimplemento de contrato com garantia de alienação fiduciária está condicionada tão-só à mora do devedor, que deverá ser comprovada por carta registrada expedida por intermédio de Cartório de Títulos e Documentos ou pelo protesto do título, a critério do credor (art. 2º, § 2º, do Decreto-Lei n. 911/69). **2. A discussão das cláusulas contratuais na ação revisional**

4. Súmula 380 – "A simples propositura da ação de revisão de contrato não inibe a caracterização da mora do autor.

não acarreta o sobrestamento da ação de busca e apreensão, porquanto não há conexão entre as ações e nem prejudicialidade externa. 3. Recurso especial provido. (REsp 1093695/RS, Rel. Ministro JOÃO OTÁVIO DE NORONHA, QUARTA TURMA, julgado em 02/12/2008, DJe 18/12/2008)" (grifou-se)

Lembrando aqui que não há que se falar em descaracterização da mora por potencial reconhecimento de encargos incidente no período de inadimplência contratual, conforme pacificado pelo STJ em julgamento de repetitivo e, portanto, de observância obrigatória:

AÇÃO REVISIONAL DE CLÁUSULAS DE CONTRATO BANCÁRIO. INCIDENTE DE PROCESSO REPETITIVO. JUROS REMUNERATÓRIOS. **CONFIGURAÇÃO DA MORA**. JUROS MORATÓRIOS. INSCRIÇÃO/MANUTENÇÃO EM CADASTRO DE INADIMPLENTES. DISPOSIÇÕES DE OFÍCIO.

DELIMITAÇÃO DO JULGAMENTO

Constatada a multiplicidade de recursos com fundamento em idêntica questão de direito, foi instaurado o incidente de processo repetitivo referente aos contratos bancários subordinados ao Código de Defesa do Consumidor, nos termos da ADI n.º 2.591-1. Exceto: cédulas de crédito rural, industrial, bancária e comercial; contratos celebrados por cooperativas de crédito; contratos regidos pelo Sistema Financeiro de Habitação, bem como os de crédito consignado. Para os efeitos do § 7º do art. 543-C do CPC, a questão de direito idêntica, além de estar selecionada na decisão que instaurou o incidente de processo repetitivo, deve ter sido expressamente debatida no acórdão recorrido e nas razões do recurso especial, preenchendo todos os requisitos de admissibilidade. Neste julgamento, os requisitos específicos do incidente foram verificados quanto às seguintes questões: i) juros remuneratórios; ii) configuração da mora; iii) juros moratórios; iv) inscrição/manutenção em cadastro de inadimplentes e v) disposições de ofício.

> ...
>
> **ORIENTAÇÃO 2 - CONFIGURAÇÃO DA MORA**
>
> a) O reconhecimento da abusividade nos encargos exigidos no período da normalidade contratual (juros remuneratórios e capitalização) descaracteriza a mora;
>
> b) **Não descaracteriza a mora o ajuizamento isolado de ação revisional**, nem mesmo quando o reconhecimento de abusividade incidir sobre os encargos inerentes ao período de inadimplência contratual.
>
> ...
>
> (REsp nº 1.061.530/RS, Relatora Ministra Nancy Andrighi, 2ª Seção, julgado em 22/10/2008)

Com efeito, não é possível, por exemplo, que o reconhecimento de abusividade na cobrança de comissão de permanência incidente no período de inadimplência contratual afaste a mora e implique na improcedência da ação de busca e apreensão.

FALÊNCIA E RECUPERAÇÃO JUDICIAL

A decretação da quebra ou o deferimento de processamento da recuperação judicial suspende as execuções de quantia?

O artigo 6º, da Lei 11.101/05 determina esta suspensão[5].

5. Art. 6º A decretação da falência ou o deferimento do processamento da recuperação judicial implica: II - suspensão das execuções ajuizadas contra o devedor, inclusive daquelas dos credores particulares do sócio solidário, relativas a créditos ou obrigações sujeitos à recuperação judicial ou à falência;

Existe exceção à esta suspensão?

Entretanto, não será obstada a ação em relação aos co-devedores, conforme determina o artigo 49, § 1º, do mesmo diploma legal[6].

Neste sentido entendimento sumulado no enunciado nº 581 pelo STJ e, consequentemente, vinculante aos demais órgãos do Poder Judiciário[7]. Ainda enunciado 43 da I Jornada de Direito Comercial do Conselho da Justiça Federal - CJF[8].

---

6. Art. 49, § 1º - Os credores do devedor em recuperação judicial conservam seus direitos e privilégios contra os coobrigados, fiadores e obrigados de regresso.
7. Súmula 581, STJ: A recuperação judicial do devedor principal não impede o prosseguimento das ações e execuções ajuizadas contra terceiros devedores solidários ou coobrigados em geral, por garantia cambial, real ou fidejussória.
8. Enunciado 43 da I Jornada de Direito Comercial do Conselho da Justiça Federal - CJF: "A suspensão das ações e execuções previstas no art. 6º da Lei n. 11.101/2005 não se estende aos coobrigados do devedor."

20

ENCARGOS DEVIDOS A PARTIR DA CITAÇÃO – PREVISÃO CONTRATUAL

Quais encargos são devidos até o efetivo adimplemento da obrigação?

Existe entendimento no sentido de que a partir da citação em execução de quantia certa incidam na dívida inadimplida tão somente atualização monetária pelos índices oficiais e juros de mora de 1% ao mês.

Contudo, este entendimento geralmente não encontra fundamento no ordenamento jurídico em vigor. É que na maioria das vezes o pacto/contrato assinado pelas partes (credor e mutuário) prevê, expressamente, o termo de vencimento da obrigação e a forma de apuração do débito em caso de inadimplência.

A atualização de um débito em juízo somente deve sofrer correção monetária pelos índices judiciais e incidência de juros de mora de 1% ao mês se não houver expressa previsão contratual em contrário, pois, havendo previsão contratual em outro sentido, esta deve prevalecer em respeito à liberdade contratual e do *pacta sunt servanda.*

São inconfundíveis as dívidas decorrentes de obrigação legal ou oriunda de ato ilícito – estas sim sujeitas à atualização monetária pelos índices oficiais e juros de mora de 1% ao mês – com as dívidas decorrentes de obrigação contratual

– sujeitas aos parâmetros de apuração do *quantum* previstos no próprio contrato, salvo se não houver disposição contratual.

Quanto ao termo inicial para incidência dos encargos moratórios, o Código Civil – CC em seus artigos 397 e 398 não deixa dúvidas, não havendo que se falar em incidência dos efeitos da mora apenas a partir da citação[1]. Corroborando tal entendimento, artigo 240, parte final, do Código de Processo Civil- CPC[2].

Lembre-se aqui que devem ser verificadas as consequências da decisão judicial, conforme determina expressa previsão legal contida nos artigos 20 e 21, ambos da LINDB – DECRETO-LEI nº 4.657/42[3].

Caso se afaste a cobrança dos encargos contratuais estimula-se a inadimplência contratual, com a consequente necessidade de ajuizamento de ações judiciais para cobrança

1. Art. 397. O inadimplemento da obrigação, positiva e líquida, no seu termo, constitui de pleno direito em mora o devedor. Art. 398. Nas obrigações provenientes de ato ilícito, considera-se o devedor em mora, desde que o praticou.
2. Art. 240. A citação válida, ainda quando ordenada por juízo incompetente, induz litispendência, torna litigiosa a coisa e constitui em mora o devedor, ressalvado o disposto nos arts. 397 e 398 da Lei no 10.406, de 10 de janeiro de 2002 (Código Civil).
3. Art. 20. Nas esferas administrativa, controladora e judicial, não se decidirá com base em valores jurídicos abstratos sem que sejam consideradas as consequências práticas da decisão. Parágrafo único. A motivação demonstrará a necessidade e a adequação da medida imposta ou da invalidação de ato, contrato, ajuste, processo ou norma administrativa, inclusive em face das possíveis alternativas. Art. 21. A decisão que, nas esferas administrativa, controladora ou judicial, decretar a invalidação de ato, contrato, ajuste, processo ou norma administrativa deverá indicar de modo expresso suas consequências jurídicas e administrativas. Parágrafo único. A decisão a que se refere o caput deste artigo deverá, quando for o caso, indicar as condições para que a regularização ocorra de modo proporcional e equânime e sem prejuízo aos interesses gerais, não se podendo impor aos sujeitos atingidos ônus ou perdas que, em função das peculiaridades do caso, sejam anormais ou excessivos.

das dívidas em aberto, pois os devedores inadimplentes passam a pagar encargos contratuais mais baratos que os devedores adimplentes.

Pela exigibilidade dos encargos contratuais até o efetivo pagamento contamos com precedentes da 4ª Turma e da Corte Especial do Superior Tribunal de Justiça – STJ, *in verbis*:

> AGRAVO REGIMENTAL EM RECURSO ESPECIAL - DECISÃO MONOCRÁTICA QUE DEU PROVIMENTO EM PARTE AO RECURSO ESPECIAL - **INADIMPLÊNCIA CONTRATUAL - TERMO FINAL DE COBRANÇA DOS ENCARGOS - EFETIVO PAGAMENTO** - INSURGÊNCIA DA EMPRESA.
>
> 1. O recurso especial não se presta ao exame de suposta violação a dispositivos constitucionais, bem como ao art. 6º da LINDB, pois este reproduz princípio encartado em norma da Constituição da República, sob pena de usurpação da competência do Supremo Tribunal Federal.
>
> 2. O prequestionamento deve ser aferido levando em conta as razões decisórias firmadas no acórdão recorrido, e não, como proposto pela agravante, em face do quanto decidido em juízo de primeiro grau, pois, para que se configure o prequestionamento da matéria. Há que se extrair do decisum o pronunciamento sobre as teses jurídicas em torno dos dispositivos legais tidos como violados, a fim de que se possa, na instância especial, abrir discussão sobre determinada questão de direito, definindo-se, por conseguinte, a correta interpretação da legislação federal.
>
> 3. Suposta incidência do óbice da Súmula 7/STJ. A parte deveria demonstrar a ocorrência do citado impedimento mediante a exposição da tese desenvolvida no recurso especial e a adoção dos fatos tais quais postos nas instâncias ordinárias, o que não foi comprovado na demanda.

4. Esta Corte apresenta entendimento pacificado no sentido de que, **uma vez confirmada a inadimplência contratual, o termo final para a cobrança dos encargos contratados não é o ajuizamento da ação executiva**, mas o efetivo pagamento do débito. Precedentes.

5. Agravo regimental desprovido.

(AgRg no REsp 1205846/PR, **4ª Turma**, DJe 14/04/2015) (grifos nossos)

EMBARGOS DE DIVERGÊNCIA - JUROS MORATÓRIOS - AÇÃO MONITÓRIA - NOTA PROMISSÓRIA - RESPONSABILIDADE CONTRATUAL - VENCIMENTO DA DÍVIDA.

1.- Embora juros contratuais em regra corram a partir da data da citação, no caso, **contudo, de obrigação contratada como positiva e líquida, com vencimento certo, os juros moratórios correm a partir da data do vencimento da dívida**.

2.- Emissão de nota promissória em garantia do débito contratado não altera a disposição contratual de fluência dos juros a partir da data certa do vencimento da dívida.

3.- O fato de a dívida líquida e com vencimento certo haver sido cobrada por meio de **ação monitória não interfere na data de início da fluência dos juros de mora**, a qual recai no dia do vencimento, conforme estabelecido pela relação de direito material.

4.- Embargos de Divergência providos para início dos juros moratórios na data do vencimento da dívida.

(EREsp 1.250.382-PR, **CORTE ESPECIAL**, Rel. Min. Sidnei Beneti, julgado em 2/4/2014) (grifos nossos)

Ainda precedentes do STJ no AgRg no Ag 1416664/SC, 4ª TURMA, julgado em 28/05/2013, no Resp 402.425 – SP, 4ª Turma, julgado em 09/03/2010, no REsp 453.816/SP, 4ª Turma, DJ 09.12.2002, no REsp 328229/SP, 4ª TURMA, Julgamento: 16/08/2001, Data da Publicação: DJ 04.02.2002 p. 390.

21

PRESCRIÇÃO INTERCORRENTE

PRESCRIÇÃO INTERCORRENTE NÃO LOCALIZAÇÃO BENS PENHORÁVEIS

Até a vigência do CPC de 2015 não havia previsão legal sobre prescrição intercorrente para execução civil comum, diversamente da Execução Fiscal, onde já existia a determinação do artigo 40, §§ 1º a 5º, da Lei 6.830/80[1].

Tanto era assim que tínhamos doutrina renomada de processo civil e decisões do Superior Tribunal de Justiça – STJ afastando a prescrição para casos de suspensão por inexistência de bens.

Vejamos DIDIER JUNIOR 2011:

> Durante o período de suspensão da execução, não corre o prazo prescricional, visto que a prescrição pressupõe a inércia do exequente, o que, no caso, não existe.

---

1. Art. 40 - O Juiz suspenderá o curso da execução, enquanto não for localizado o devedor ou encontrados bens sobre os quais possa recair a penhora, e, nesses casos, não correrá o prazo de prescrição. § 1º - Suspenso o curso da execução, será aberta vista dos autos ao representante judicial da Fazenda Pública. § 2º - Decorrido o prazo máximo de 1 (um) ano, sem que seja localizado o devedor ou encontrados bens penhoráveis, o Juiz ordenará o arquivamento dos autos. § 3º - Encontrados que sejam, a qualquer tempo, o devedor ou os bens, serão desarquivados os autos para prosseguimento da execução. § 4º Se da decisão que ordenar o arquivamento tiver decorrido o prazo prescricional, o juiz, depois de ouvida a Fazenda Pública, poderá, de ofício, reconhecer a prescrição intercorrente e decretá-la de imediato. § 5º A manifestação prévia da Fazenda Pública prevista no § 4º deste artigo será dispensada no caso de cobranças judiciais cujo valor seja inferior ao mínimo fixado por ato do Ministro de Estado da Fazenda.

E precedentes do STJ:

> AGRAVO REGIMENTAL NO RECURSO ESPECIAL. SUSPENSÃO DO PROCESSO DE EXECUÇÃO. AUSÊNCIA DE BENS PENHORÁVEIS. PRESCRIÇÃO INTERCORRENTE. IMPOSSIBILIDADE. NECESSIDADE DE INTIMAÇÃO PESSOAL DO CREDOR. 1. Suspenso o processo de execução por ausência de bens penhoráveis, não flui o prazo prescricional pelo mesmo período, inclusive aquele atinente à prescrição intercorrente. Para a retomada do curso do prazo prescricional, faz-se necessária a intimação do credor para diligenciar no processo. 2. Agravo regimental não provido. (AgRg no RECURSO ESPECIAL Nº 1.463.664 - SC, 3ª Turma, julgado em 23/10/2014)

> AGRAVO REGIMENTAL EM RECURSO ESPECIAL. EXECUÇÃO. PRESCRIÇÃO INTERCORRENTE. INTIMAÇÃO. AUSÊNCIA. APLICAÇÃO DA SÚMULA 83/STJ. 1. A jurisprudência desta Corte entende que, para reconhecimento da prescrição intercorrente, é imprescindível a comprovação da inércia do exequente, bem como sua intimação pessoal para diligenciar nos autos, o que não ocorreu no presente caso. 2. Agravo regimental a que se nega provimento. (AgRg no RECURSO ESPECIAL Nº 1.521.490 - SP, 4ª Turma, julgado em 04/05/2015)

> "PROCESSUAL CIVIL. EXECUÇÃO. SUSPENSÃO DO FEITO. PRESCRIÇÃO INTERCORRENTE APLICADA PELAS INSTÂNCIAS ORDINÁRIAS. INCABIMENTO. CPC, ARTS. 791, III E 793. EXEGESE. I. A suspensão da execução a pedido do exequente e autorizada judicialmente, constitui fator impeditivo à fluição da prescrição intercorrente, que pressupõe inércia da parte, o que não ocorre se o andamento do feito não está tendo curso sob respaldo judicial. II. Precedentes do STJ. III. Recurso especial conhecido e provido. Prescrição afastada". (REsp. 63474/PR, Rel. Ministro ALDIR PASSARINHO JUNIOR, QUARTA TURMA, julgado em 16/06/2005, DJ 15/08/2005, p. 316).

> "Execução. Prescrição intercorrente. Iliquidez do cheque. Penhora das cotas sociais. Honorários. Súmula nº 83 da Corte. Precedentes. 1. Suspensa a execução sem que tenha o credor dado causa, à míngua de bens encontrados para garantir a execução, não há falar em prescrição intercorrente. 2. A inclusão no cálculo dos juros e da correção monetária não caracteriza ausência de liquidez. 3 É possível a penhora das cotas sociais, como alinhado em precedentes de ambas as Turmas da Seção de Direito Privado. 4. Corretos os honorários fixados de acordo com o art. 20, § 4º, do Código de Processo Civil, considerando não apenas o valor atribuído aos embargos, mas, também, a realidade dos autos, que incluiu a suspensão por falta de bens penhoráveis. 5. Recurso especial não conhecido". (REsp. 315429/MG, Rel. Ministro CARLOS ALBERTO MENEZES DIREITO, TERCEIRA TURMA, julgado em 06/12/2001, DJ 18/03/2002, p. 246).
>
> Ainda, merece destaque a abalizada análise da questão pelo Ministro Aldir Passarinho Júnior, em seu voto proferido no RESP. 63.474: "Com efeito, se a execução havia sido suspensa, não pode fluir o prazo prescricional, porquanto o instituto pressupõe inércia da parte que promove o processo, daí que, se este, exatamente por estar com seu curso suspenso, por autorização judicial, não corre, não se pode considerar o período de suspensão para efeito de cômputo da prescrição".

Com o CPC em vigor o ordenamento jurídico pátrio passou a contar com as previsões legais sobre prescrição intercorrente na execução civil comum nos artigos 921, III e §§ 1º a 5º; 924, V e; 1.056, todos do CPC[2].

---

2. Art. 921. Suspende-se a execução: III - quando o executado não possuir bens penhoráveis; § 1º Na hipótese do inciso III, o juiz suspenderá a execução pelo prazo de 1 (um) ano, durante o qual se suspenderá a prescrição. § 2º Decorrido o prazo máximo de 1 (um) ano sem que seja localizado o executado ou que sejam encontrados bens penhoráveis, o juiz ordenará o arquivamento dos autos. § 3º Os autos serão desarquivados para prosseguimento da execução se a qualquer tempo forem encontrados bens

O STJ tratou do tema em Incidente de Assunção de Competência no Recurso Especial 1.604.412, 2ª Seção, DEJ 22/08/2018, de observância obrigatória, conforme determinam os artigos 927, III e 947, §3º, ambos do CPC[3].

Em que pese a previsão legal inserida no ordenamento pelo CPC de 2015 e a jurisprudência anterior do próprio STJ, restou definido que:

> RECURSO ESPECIAL. INCIDENTE DE ASSUNÇÃO DE COMPETÊNCIA. AÇÃO DE EXECUÇÃO DE TÍTULO EXTRAJUDICIAL. PRESCRIÇÃO INTERCORRENTE DA PRETENSÃO EXECUTÓRIA. CABIMENTO. TERMO INICIAL. NECESSIDADE DE PRÉVIA INTIMAÇÃO DO CREDOR-EXEQUENTE. OITIVA DO CREDOR. INEXISTÊNCIA. CONTRADITÓRIO DESRESPEITADO. RECURSO ESPECIAL PROVIDO. 1. As teses a serem firmadas, para efeito do art. 947 do CPC/2015 são as seguintes: 1.1 Incide a prescrição intercorrente, nas causas regidas pelo CPC/73, quando o exequente permanece inerte por prazo superior ao de prescrição do direito material vindicado, conforme interpretação extraída do art. 202, parágrafo único, do Código Civil de 2002. 1.2 O

---

penhoráveis. § 4º Decorrido o prazo de que trata o § 1º sem manifestação do exequente, começa a correr o prazo de prescrição intercorrente. § 5º O juiz, depois de ouvidas as partes, no prazo de 15 (quinze) dias, poderá, de ofício, reconhecer a prescrição de que trata o § 4º e extinguir o processo. Art. 924. Extingue-se a execução quando: V - ocorrer a prescrição intercorrente. Art. 1.056. Considerar-se-á como termo inicial do prazo da prescrição prevista no art. 924, inciso V, inclusive para as execuções em curso, a data de vigência deste Código.

3. Art. 927. Os juízes e os tribunais observarão: III - os acórdãos em incidente de assunção de competência ou de resolução de demandas repetitivas e em julgamento de recursos extraordinário e especial repetitivos; Art. 947. É admissível a assunção de competência quando o julgamento de recurso, de remessa necessária ou de processo de competência originária envolver relevante questão de direito, com grande repercussão social, sem repetição em múltiplos processos. § 3º O acórdão proferido em assunção de competência vinculará todos os juízes e órgãos fracionários, exceto se houver revisão de tese.

> termo inicial do prazo prescricional, na vigência do CPC/1973, conta-se do fim do prazo judicial de suspensão do processo ou, inexistindo prazo fixado, do transcurso de um ano (aplicação analógica do art. 40, § 2º, da Lei 6.830/1980). 1.3 O termo inicial do art. 1.056 do CPC/2015 tem incidência apenas nas hipóteses em que o processo se encontrava suspenso na data da entrada em vigor da novel lei processual, uma vez que não se pode extrair interpretação que viabilize o reinício ou a reabertura de prazo prescricional ocorridos na vigência do revogado CPC/1973 (aplicação irretroativa da norma processual). 1.4. O contraditório é princípio que deve ser respeitado em todas as manifestações do Poder Judiciário, que deve zelar pela sua observância, inclusive nas hipóteses de declaração de ofício da prescrição intercorrente, devendo o credor ser previamente intimado para opor algum fato impeditivo à incidência da prescrição. 2. No caso concreto, a despeito de transcorrido mais de uma década após o arquivamento administrativo do processo, não houve a intimação da recorrente a assegurar o exercício oportuno do contraditório. 3. Recurso especial provido. (Incidente de Assunção de Competência no Recurso Especial 1.604.412, 2ª Seção, DEJ 22/08/2018)

Com efeito, temos no entendimento pacificado do STJ as seguintes hipóteses:

1) Passado prazo máximo de 1 ano de suspensão durante a vigência do CPC anterior de 1973 – o termo inicial da prescrição intercorrente é o fim do prazo máximo de 1 ano de suspensão;

2) Processo com suspensão por menos de um ano fluindo no momento da entrada em vigor do CPC de 2015 – o termo inicial da prescrição intercorrente é o dia 18/03/2016 (vigência CPC em vigor);

3) Suspensão iniciada após a vigência do CPC de 2015 – o termo inicial da prescrição intercorrente se dá

após 1 ano da decisão que determina a suspensão por inexistência de bens.

O entendimento firmado tratado no item 2 acima (item 1.3 da ementa) acaba por gerar uma situação prejudicial ao credor contra a previsão do § 4º, do artigo 921, do CPC, na medida em que o termo inicial não será o fim do prazo máximo de suspensão de 1 ano e sim, a entrada em vigor do CPC de 2015.

PRESCRIÇÃO NÃO LOCALIZAÇÃO MUTUÁRIOS

Temos ainda a prescrição que pode ser reconhecida pela inércia da parte autora para citação da parte contrária que ainda não se efetivou. Não se trata aqui da prescrição intercorrente pela não localização de bens penhoráveis contida nos artigos 921, III e §§ 1º a 5º; 924, V e; 1.056, todos do CPC.

A prescrição da pretensão judicial é interrompida pelo despacho que ordena a citação e retroage à data do ajuizamento, desde que não haja inércia da parte autora, conforme determinam o inciso I, do artigo 202, do CC e os §§ 1º e 2º, do artigo 240, do CPC[4].

---

4 CC: Art. 202. A interrupção da prescrição, que somente poderá ocorrer uma vez, dar-se-á: I - por despacho do juiz, mesmo incompetente, que ordenar a citação, se o interessado a promover no prazo e na forma da lei processual; CPC: Art. 240. A citação válida, ainda quando ordenada por juízo incompetente, induz litispendência, torna litigiosa a coisa e constitui em mora o devedor, ressalvado o disposto nos arts. 397 e 398 da Lei nº 10.406, de 10 de janeiro de 2002 (Código Civil). § 1º A interrupção da prescrição, operada pelo despacho que ordena a citação, ainda que proferido por juízo incompetente, retroagirá à data de propositura da ação. § 2º Incumbe ao autor adotar, no prazo de 10 (dez) dias, as providências necessárias para viabilizar a citação, sob pena de não se aplicar o disposto no § 1º. § 3º A parte não será prejudicada pela demora imputável exclusivamente ao serviço judiciário. § 4º O efeito retroativo a que se refere o § 1º aplica-se à decadência e aos demais prazos extintivos previstos em lei.

Caso seja verificada a inércia da parte autora para não citação não haverá nem interrupção da prescrição com o despacho que ordena a citação nem retroação à data de distribuição da ação. Nesse sentido entendimento já muito tempo sumulado pelo STJ no enunciado 106[5].

Com efeito, as perguntas que precisam ser respondidas são:

1) Desconsiderando-se a interrupção pelo despacho que determina a citação, na data de hoje houve prescrição da pretensão de cobrança da dívida em questão?

2) Houve ou não inércia do autor da ação na não citação da parte adversa?

Quanto à primeira pergunta (1), importante lembrar que temos duas correntes a respeito do termo inicial da prescrição relacionada a contratos de financiamento. Para a primeira corrente, o termo inicial do prazo seria o vencimento antecipado. Para a segunda, seria o decurso do prazo contratual, independentemente do vencimento antecipado.

O vencimento antecipado existe em benefício do credor e não, do devedor, não sendo razoável, portanto, a primeira corrente. Tal posição encontra respaldo em precedentes do STJ das 3ª e 4ª Turmas, que compõem a Segunda Seção e são as turmas de direito privado do Superior Tribunal. Ainda no mesmo sentido TRF3, 1ª Turma, AC 00061506520114036119, Dje 07/03/2019.

Vejamos o que diz o STJ:

---

5. STJ, Súmula 106 - Proposta a ação no prazo fixado para o seu exercício, a demora na citação, por motivos inerentes ao mecanismo da justiça, não justifica o acolhimento da arguição de prescrição ou decadência. (Súmula 106, CORTE ESPECIAL, julgado em 26/05/1994, DJ 03/06/1994 p. 13885)

> EMBARGOS À EXECUÇÃO. VENCIMENTO ANTECIPADO. PRESCRIÇÃO. PRECEDENTES DA CORTE. 1. No que concerne ao vencimento antecipado, os artigos 572 e 614, III, do Código de Processo Civil, não foram prequestionados. 2. O fato de ter o representante legal da executada falecido após a citação e ter havido requerimento para suspensão do feito, com ordem de nova citação, não desqualifica a citação já efetuada, sendo certo, ademais, que o vencimento antecipado da dívida não altera a prescrição do título que é contada da data do seu vencimento certo nele indicada. 3. Recurso especial não conhecido. (RESP 650822/RN, 3ª Turma, DJ 11/04/2005)
>
> PROCESSUAL. EXECUÇÃO. PRESCRIÇÃO. TERMO INICIAL. VENCIMENTO ANTECIPADO. IMPROPRIEDADE. I. O vencimento antecipado do contrato não antecipa o termo inicial da prescrição da ação de execução em favor dos inadimplentes, que deram causa à rescisão. II. Agravo improvido".
>
> (AgRg no REsp 802688/RS, 4ª Turma, DJ 26/02/2007)

Contudo, importante alertar que a primeira corrente se baseia no princípio da *actio nata* (princípio amplamente tratado pela doutrina jurídica), ou seja, que o início do prazo prescricional se dá com o surgimento do direito de ação, que surge desde o vencimento antecipado. Logo, existe um risco pequeno, mas existente, de ver reconhecido judicialmente o termo inicial com o vencimento antecipado, o que deve ser levado em consideração.

Em relação à segunda pergunta (2), importante destacar que caso recolhidas as custas processuais devidas e indicado para citação o endereço previsto no contrato, não há mais que se falar em inércia da parte autora, sob pena de beneficiar quem deu causa à tentativa frustrada de citação. Neste diapasão, STJ, no REsp 21242/SP, 1ª Turma, julgado em 10/06/1992: *"Não ocorre prescrição intercorrente quando o retardamento foi por culpa exclusiva da própria pessoa que dela se beneficiaria".*

Frise-se que, como visto anteriormente, as pessoas físicas e jurídicas têm o dever de manter seus cadastros atualizados, seja na esfera pública, seja na privada, em razão do poder fiscalizatório da administração pública, do postulado constitucional da segurança jurídica (artigo 5º, *caput*, da Constituição Federal) e da boa-fé contratual (artigos 422, 187 e 113, do CC) e em razão das normas previstas no artigo 70 e seguintes, do Código Civil.

Assim, o mutuário que não indicou sua alteração de endereço causando tentativa frustrada de citação não pode ser beneficiado pelo reconhecimento de prescrição.

22

BIBLIOGRAFIA

ABELHA RODRIGUES, Marcelo. **Palestra proferida em 18.06.15 no II Congresso de Direito Processual Civil de Campo Grande - MS**, publicado terça-feira, 4 de outubro de 2016 - extraído do site migalhas - http://www.migalhas.com.br/dePeso/16,MI246666,-81042-O+momento+de+realizacao+da+penhora+online+dos+ativos+financeiros+do.

COLLODEL, Keeity Braga; PINHEIRO, Alessandra Hoffmann de Oliveira. Eficácia temporal das súmulas e a segurança jurídica. **Revista de Direito da ADVOCEF**. Porto Alegre, ADVOCEF, v.1, n.25, 2017.

DIDIER JUNIOR, Fredie. **Curso de direito processual civil execução**, Salvador: Juspodivm, 2011.

DIDIER JUNIOR,Fredie. **Curso de direito processual civil teoria geral do processo e processo de conhecimento**, Salvador: Juspodivm, 2007.

DIDIER JUNIOR, Fredie. **Curso de direito processual civil: teoria da prova, direito probatório, ações probatórias, decisão, precedente, coisa julgada e antecipação dos efeitos da tutela** / Fredie Didier Jr., Paula Sarno Braga e Rafael Alexandria de Oliveira-10. ed.- Salvador: Juspodivm, 2015. v.2.

DIDIER JUNIOR, Fredie. **Live no Instagram em 08/07/2020 com Lenio Streck**.

DIDIER JUNIOR, Fredie. **Conceitos Fundamentais do Sistema de Precedentes Judiciais** - FREDIE DIDIER JR., publicado em 03/07/2020, Palestra no XIV Fórum Jurídico da UNIPAM EM 25/05/2020, https://youtu.be/_mTxqEYKcl8.

LEMOS, Vinicius Silva. Os precedentes judiciais e suas técnicas de superação no novo Código de Processo Civil. **Revista de Direito da ADVOCEF**. Porto Alegre: ADVOCEF, v.1, n.21, 2015.

MARINONI, Luiz Guilherme. **O direito à tutela jurisdicional efetiva na perspectiva da teoria dos direitos fundamentais**. Revista de Direito Processual Civil. Curitiba: Genesis, 2003.

NERY JUNIOR, Nelson. **Código de Processo Civil comentado** [livro eletrônico] / Nelson Nery Junior, Rosa Maria de Andrade Nery. -- 3. ed., São Paulo: Thomson Reuters Brasil, 2018.

NERY JUNIOR, Nelson. CFC - Simpósio - **O Novo CPC e os impactos no processo do trabalho Conferência – A Força dos Precedentes Judiciais no Estado Federativo** – 15 e 16 de setembro de 2014 – Palestrante Nelson Nery Junior, https://www.youtube.com/watch?v=lxXIPKureAc.

NEVES, Daniel Amorim Assunção. **Manual de Direito Processual Civil**. Volume único. 8. ed. Salvador: Juspodivm, 2016.

NOVELINO, Marcelo. **Direito constitucional**, 4ª ed., São Paulo: Método, 2010.

RE, Edward D., ***Stare decisis.*** Data de publicação :04/1994, Fonte : Revista de informação legislativa, v. 31, n. 122, p. 281-287, abr./jun. 1994 | Revista de processo, v. 19, n. 73, p. 47-54, jan./mar. 1994, Endereço para citar este documento : http://www2.senado.leg.br/bdsf/handle/id/176188.

EDITORA JusPODIVM
www.editorajuspodivm.com.br

RENOVA GRAF
www.renovagraf.com.br

JUS3868